颜真卿

集字对联古诗词大全

收藏版

王学良 编著

上海人民美術出版社

图书在版编目（CIP）数据

颜真卿集字对联古诗词大全：收藏版 / 王学良编著. —上海：
上海人民美术出版社, 2021.12
ISBN 978-7-5586-2190-1

Ⅰ.①颜… Ⅱ.①王… Ⅲ.①汉字—法帖—中国—唐
代 Ⅳ.①J292.24

中国版本图书馆CIP数据核字（2021）第198244号

颜真卿集字对联古诗词大全（收藏版）

编　　著　王学良
责任编辑　黄　淳
技术编辑　史　湧
封面设计　肖祥德
排版制作　高　婕　蒋卫斌
出版发行　上海人民美术出版社
地　　址　上海市闵行区号景路159弄A座7F
印　　刷　上海天地海设计印刷有限公司
开　　本　889×1194　1/16　　印张　16
版　　次　2022年1月第1版
印　　次　2022年1月第1次
书　　号　ISBN 978-7-5586-2190-1
定　　价　58.00元

当临帖达到一定程度后，我们就会面临创作的问题，从临摹到创作是一个很大的跨越。首先创作是自己书写，但不是随心所欲乱写，它必须依照所学的字帖来写，力求达到从外形到精神全方位的相似，显然这不是短时间内能达到的。为此，我们可以用一个集字创作的方法来过渡，即从字帖里找出现成的字，没有的字用偏旁和部件拼凑，这种方法的好处是可以在临帖与创作之间建一个桥梁，既巩固了临帖，又使得创作不再那么困难。这本字帖的意义就是为大家提供一种集字的范例，让大家少走弯路。

接下来自然是形制了。一件作品除了内容、风格外就是合适的形制。常见的形制有中堂、条幅、斗方、横披、扇面、手卷、册页、对联等几种。从装帧的角度来看，斗方、横披比较适合装镜框，中堂、条幅、手卷、册页适用传统的装裱，对联两者皆可。从家居的情况来看，层高低的适用镜框，层高高的适用传统的装裱。当然还得考虑装潢的风格。书写者对形制的选择必须要考虑上述因素。

选好了形制，就要考虑作品本身的问题。一件作品至少要具备正文（主要内容）、落款、印章三个部分。正文无疑是作品的主角，也是作者倾注心血的地方，用笔、结字、章法都反复斟酌，通常不会出错。可一到落款，有些书写者就会马虎，疏于经营，随便写下名字就完事了。其实落款是整体章法的一部分，它的大小、位置、书写风格都会对作品产生巨大的影响。落款可以只写书写者的姓名（穷款），也可以写上正文作者的名字和篇名，还可以创作的时间（一般用干支来表示年号），也可以写上创作时的感想、对正文的说明或创作的缘由。如果还需要写上赠与者的姓名（上款），上款还可以写在正文的右上角。落款的这些讲究如果能有效利用的话，那么作品的整体章法就会相得益彰，更显丰富。至于印章，作为作品中唯一的红色，它有时会有画龙点睛的效果。印章有姓名章、起首章、闲章三种。起首章必须钤在作品的右上角，名章要钤在书写者姓名之后，闲章的位置视情况而定。当下的书法创作对印章的使用远超古人，大家可以多看当代书家的作品积累经验。

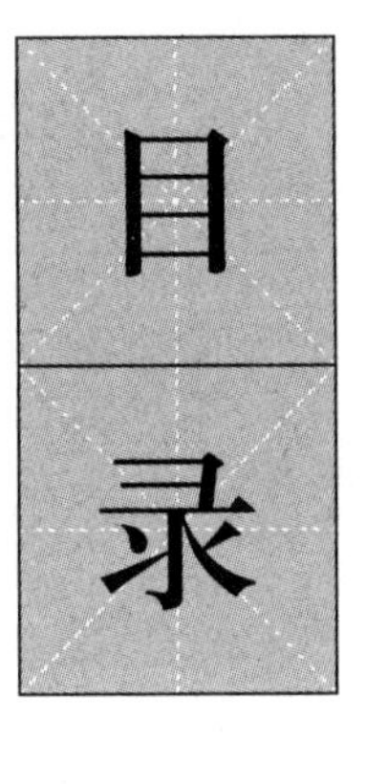

目录

春联

五字联

七字联

五言绝句

七言绝句

109
断云一叶洞庭帆，
玉破鲈鱼金破柑。
好作新诗寄桑苎，
垂虹秋色满东南。
米芾《垂虹亭》

114
若言琴上有琴声，
放在匣中何不鸣？
若言声在指头上，
何不于君指上听？
苏轼《琴诗》

119
京口瓜洲一水间，
钟山只隔数重山。
春风又绿江南岸，
明月何时照我还。
王安石《泊船瓜洲》

124
一道残阳铺水中，
半江瑟瑟半江红。
可怜九月初三夜，
露似真珠月似弓。
白居易《暮江吟》

129
天际乌云含雨重，
楼前红日照山明。
嵩阳居士今何在，
青眼看人万里情。
蔡襄《梦中作》

134
远上寒山石径斜，
白云生处有人家。
停车坐爱枫林晚，
霜叶红于二月花。
杜牧《山行》

139
故人西辞黄鹤楼，
烟花三月下扬州。
孤帆远影碧空尽，
唯见长江天际流。
李白《黄鹤楼送孟浩然之广陵》

144
九曲黄河万里沙，
浪淘风簸自天涯。
如今直上银河去，
同到牵牛织女家。
刘禹锡《浪淘沙》

149
月落乌啼霜满天，
江枫渔火对愁眠。
姑苏城外寒山寺，
夜半钟声到客船。
张继《枫桥夜泊》

154
山光物态弄春晖，
莫为轻阴便拟归。
纵使晴明无雨色，
入云深处亦沾衣。
张旭《山中留客》

159
天街小雨润如酥，
草色遥看近却无。
最是一年春好处，
绝胜烟柳满皇都。
韩愈《早春呈水部张十八员外》

164
泉眼无声惜细流，
树阴照水爱晴柔。
小荷才露尖尖角，
早有蜻蜓立上头。
杨万里《小池》

169
雪晴云散北风寒，
楚水吴山道路难。
今日送君须尽醉，
明朝相忆路漫漫。
贾至《送李侍郎赴常州》

174
峨眉山月半轮秋，
影入平羌江水流。
夜发清溪向三峡，
思君不见下渝州。
李白《峨眉山月歌》

179
一为迁客去长沙，
西望长安不见家。
黄鹤楼中吹玉笛，
江城五月落梅花。
李白《与史郎中钦听黄鹤楼上吹笛》

184
李白乘舟将欲行，
忽闻岸上踏歌声。
桃花潭水深千尺，
不及汪伦送我情。
李白《赠汪伦》

189
寒山吹笛唤春归，
迁客相看泪满衣。
洞庭一夜无穷雁，
不待天明尽北飞。
李益《春夜闻笛》

五言律诗

194
渡远荆门外，
来从楚国游。
山随平野尽，
江入大荒流。
月下飞天镜，
云生结海楼。
仍怜故乡水，
万里送行舟。
李白《渡荆门送别》

201
空山新雨后，
天气晚来秋。
明月松间照，
清泉石上流。
竹喧归浣女，
莲动下渔舟。
随意春芳歇，
王孙自可留。
王维《山居秋暝》

词

208
江南好，
风景旧曾谙。
日出江花红胜火，
春来江水绿如蓝。
能不忆江南？
白居易《忆江南》

213
无言独上西楼，
月如钩。
寂寞梧桐深院锁清秋。
剪不断，
理还乱，
是离愁。
别是一般滋味在心头。
李煜《相见欢》

220
春花秋月何时了？
往事知多少。
小楼昨夜又东风，
故国不堪回首月明中。
雕栏玉砌应犹在，
只是朱颜改。
问君能有几多愁？
恰似一江春水向东流。
李煜《虞美人》

230
明月几时有？
把酒问青天。
不知天上宫阙，
今夕是何年。
我欲乘风归去，
又恐琼楼玉宇，
高处不胜寒。
起舞弄清影，
何似在人间。
转朱阁，低绮户，
照无眠。不应有恨，
何事长向别时圆？
人有悲欢离合，
月有阴晴圆缺，
此事古难全。
但愿人长久，
千里共婵娟。
苏轼《水调歌头》

書左清道率府

兵曹真卿舉進

士校書郎舉文

詞秀逸醴泉尉

春秋終又始

日月去還來

秋

終

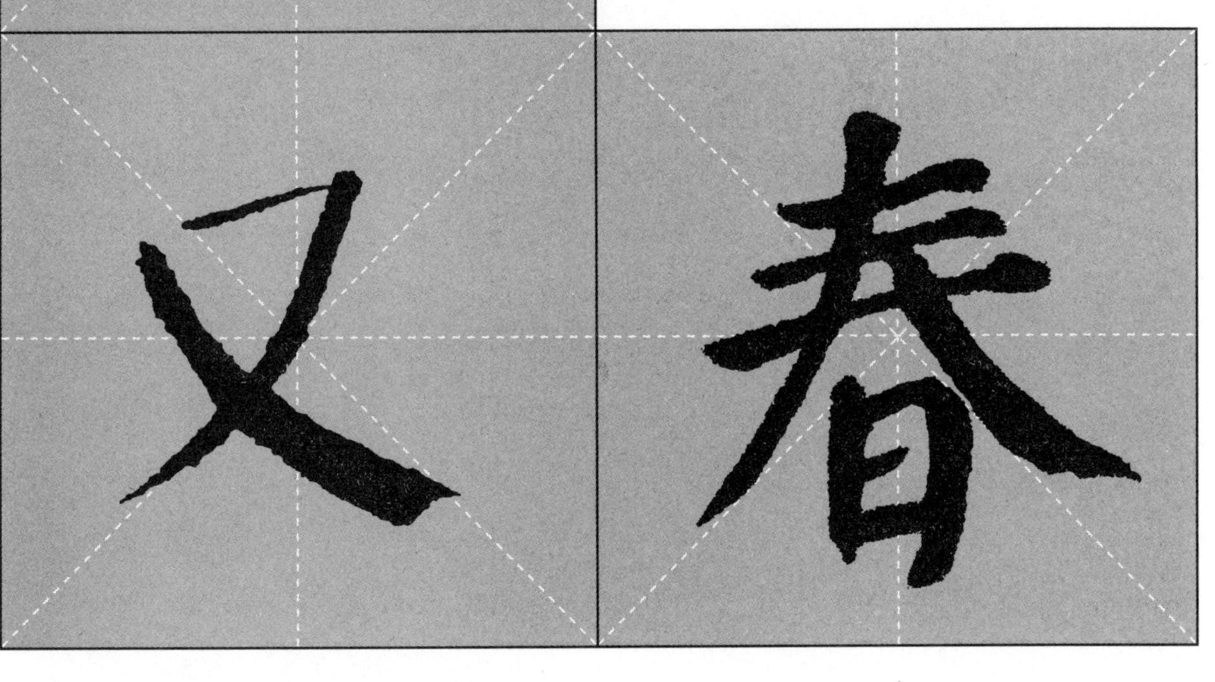

始日月
去還來

人壽誠爲福

家和便是春

壽

誠

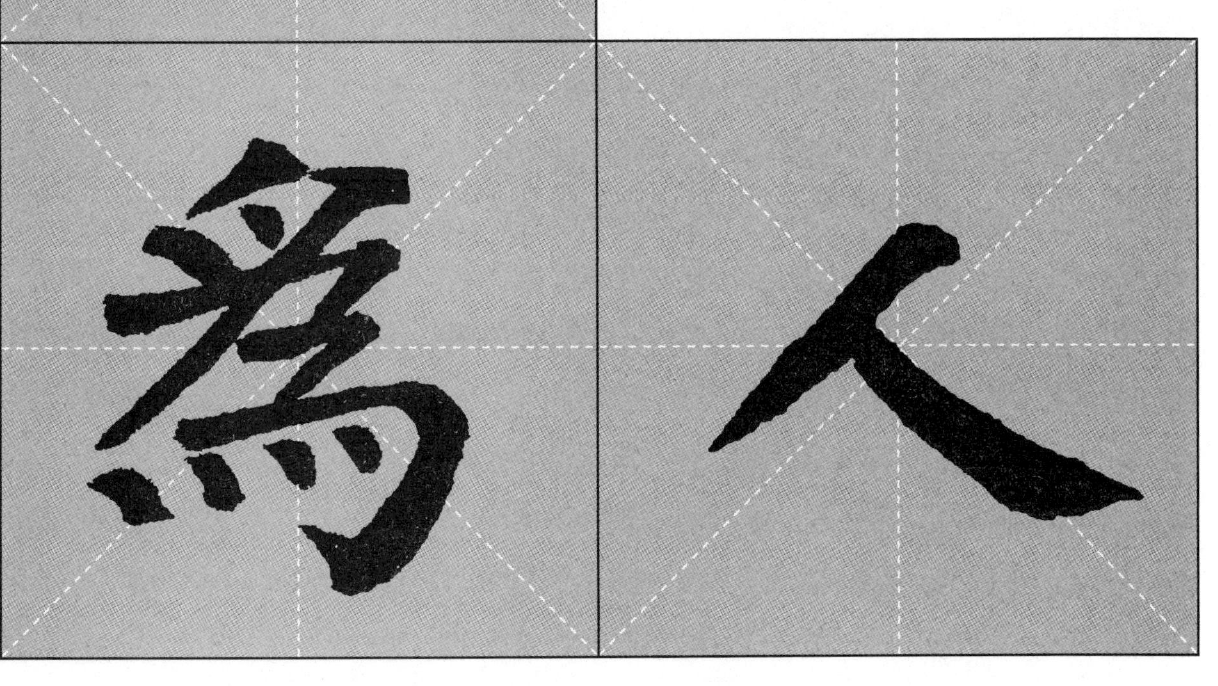

福家和
便是春

世清春不夜

國盛景長明

世

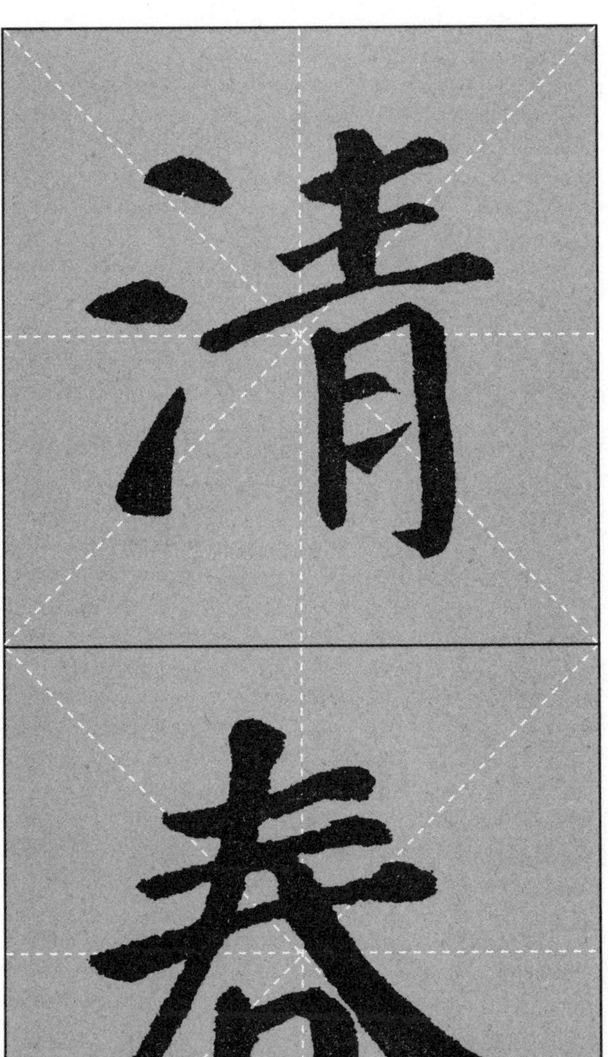

清春不

夜國盛
景長明

祥和百姓樂

福壽萬秊春

和

百

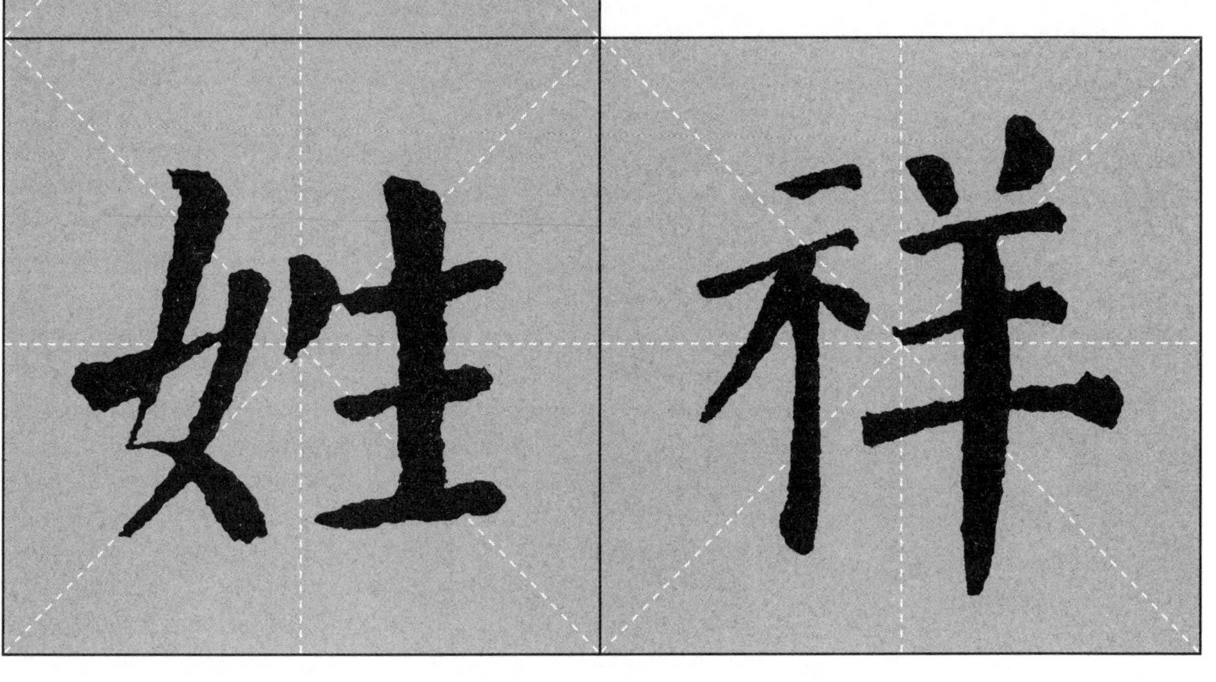

樂
福
壽
萬
年
春

政通千家福

人和萬戶春

福人和
萬戶春

富貴三春景

平安兩字金

富

貴
三

春

景
平
安
雨
字
金

季豐人增壽

春早福滿門

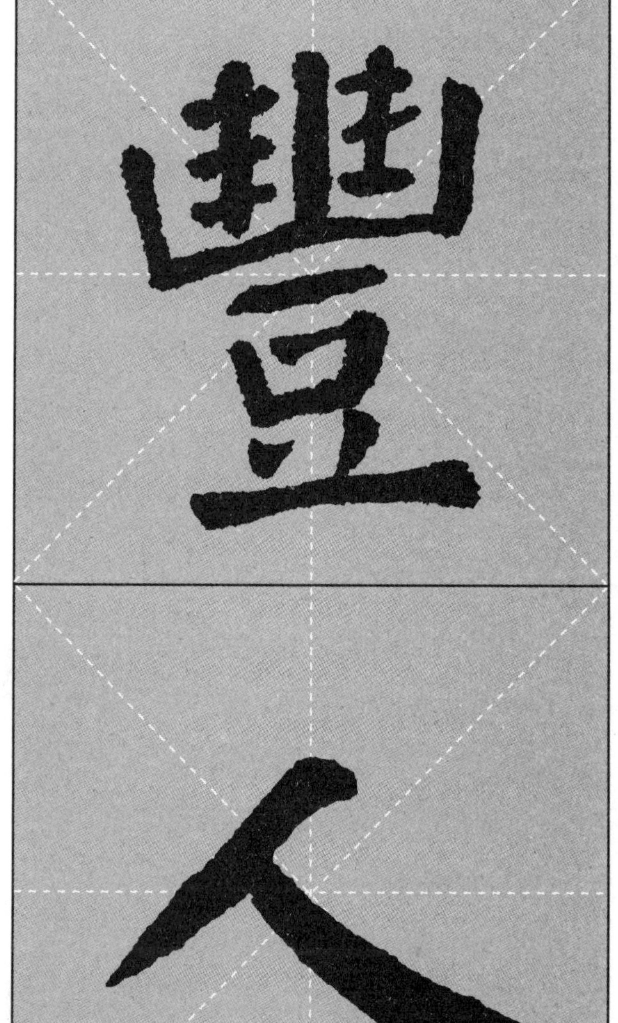

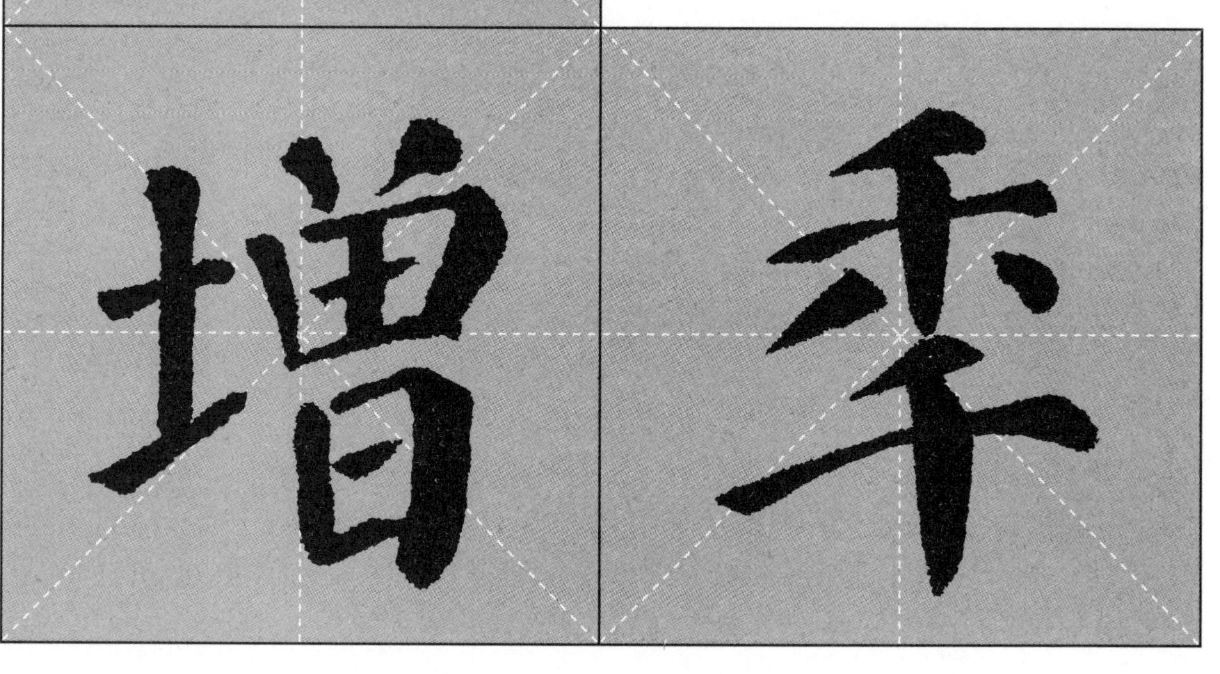

壽春早

福滿門

小康歲月家家福

大好河山處處春

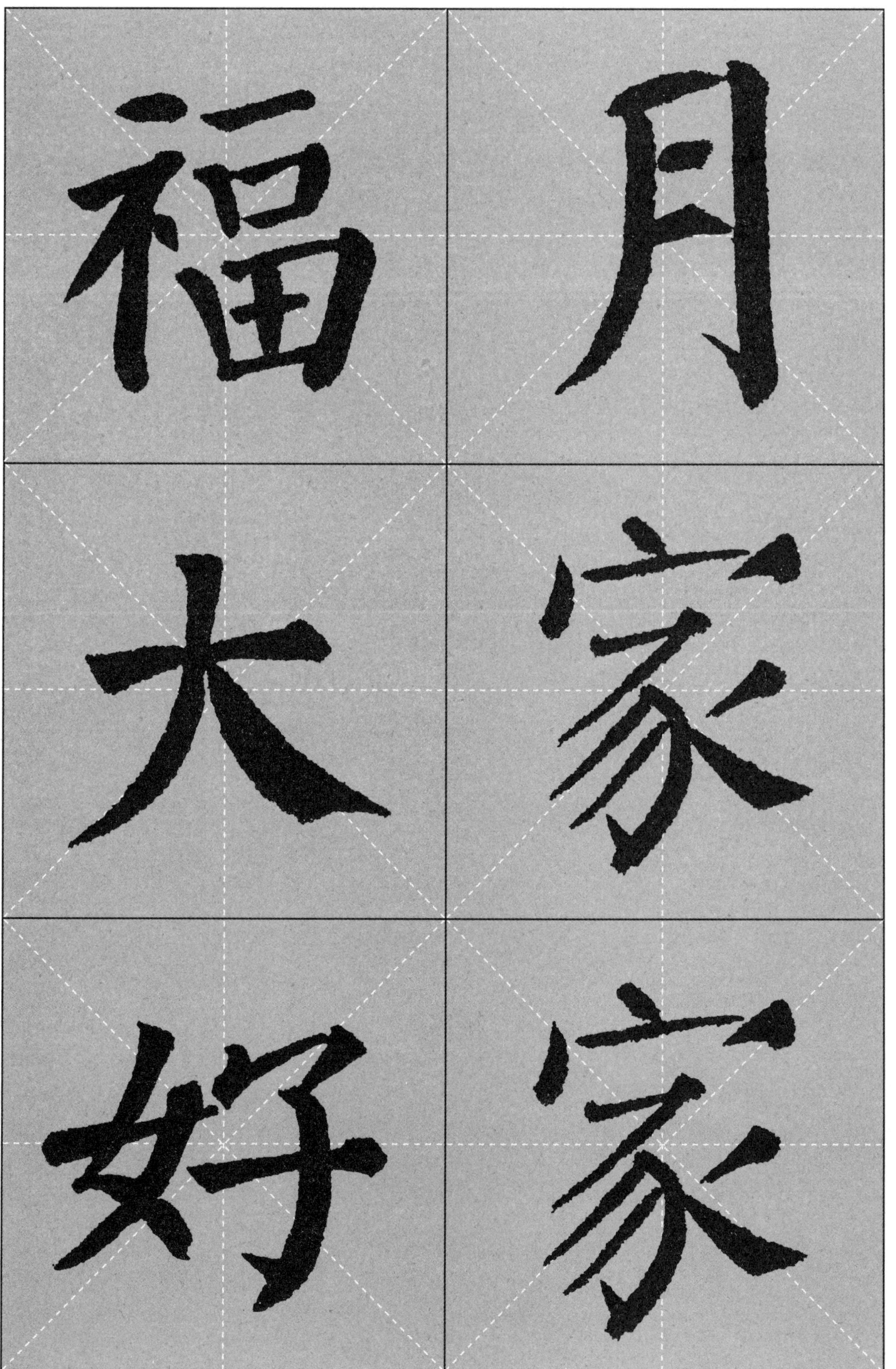
月家家
福大好

河山處
處春

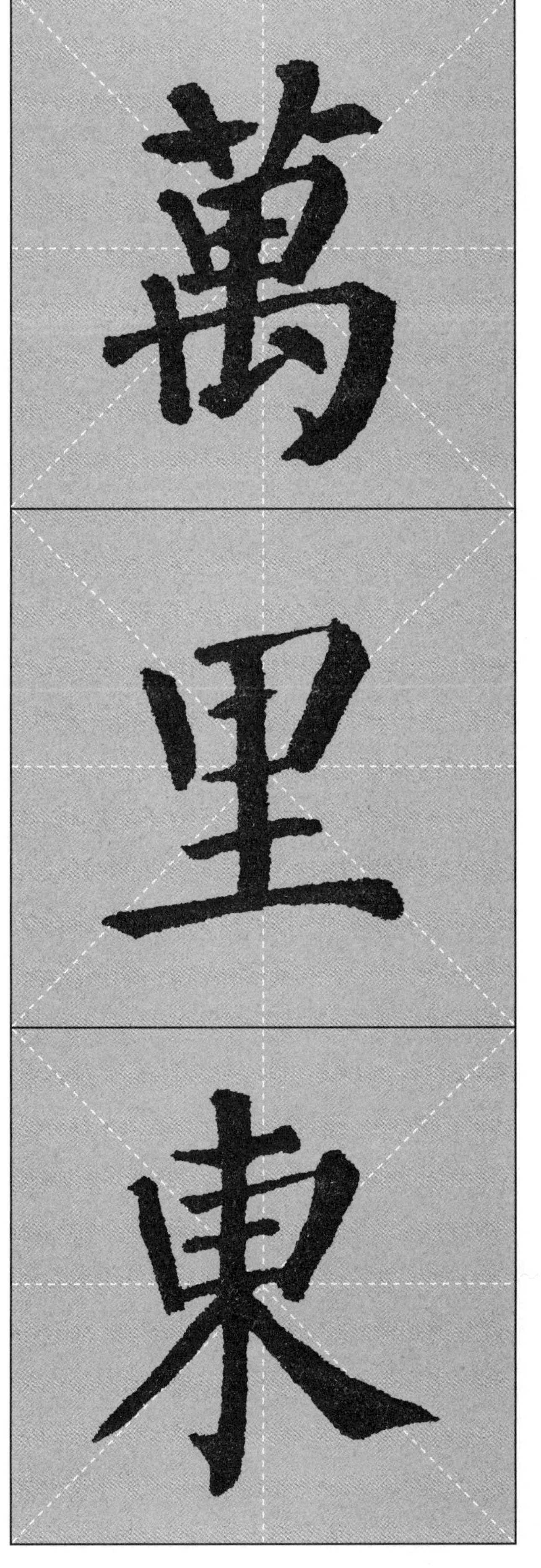

萬里東風春又至

一庭紫氣福先來

風春又
至一庭

紫氣福
先來

新歲新春幸福日

好時好景吉祥秊

春
幸
福
日
好
時

好景吉
祥年

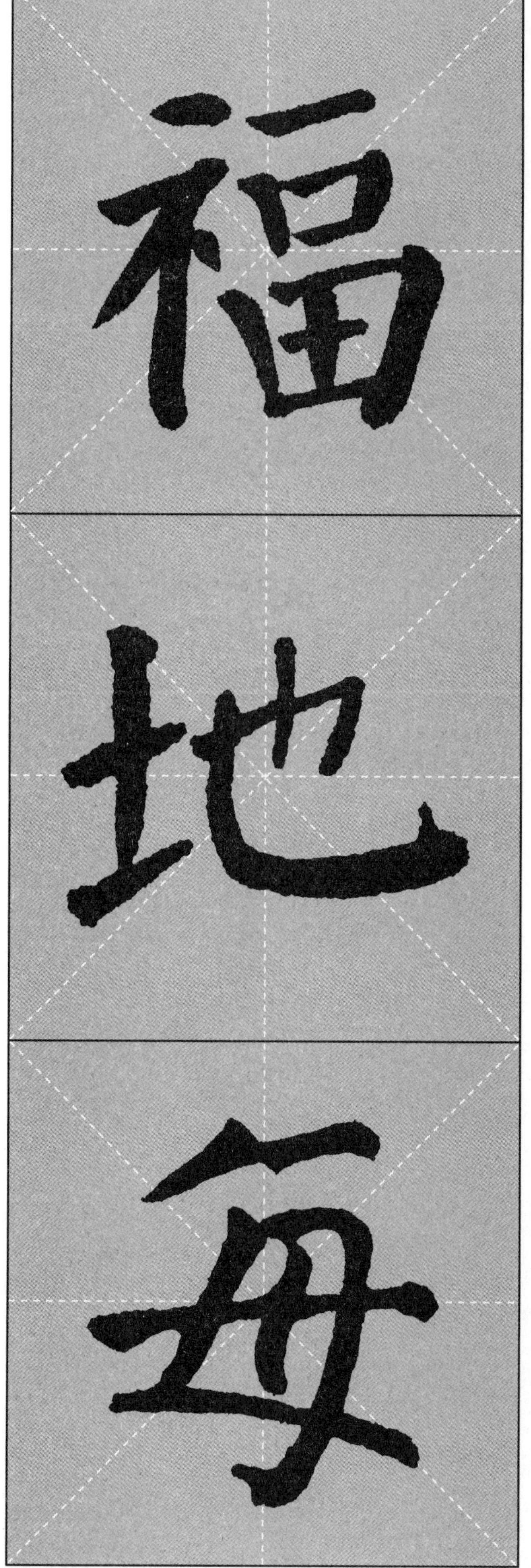

福地每臨三益友

和鄰歲放四時花

臨
三
益
友
和
鄰

盛放四
時花

財隨時日天天長

福伴春風歲歲來

日天天
長福伴

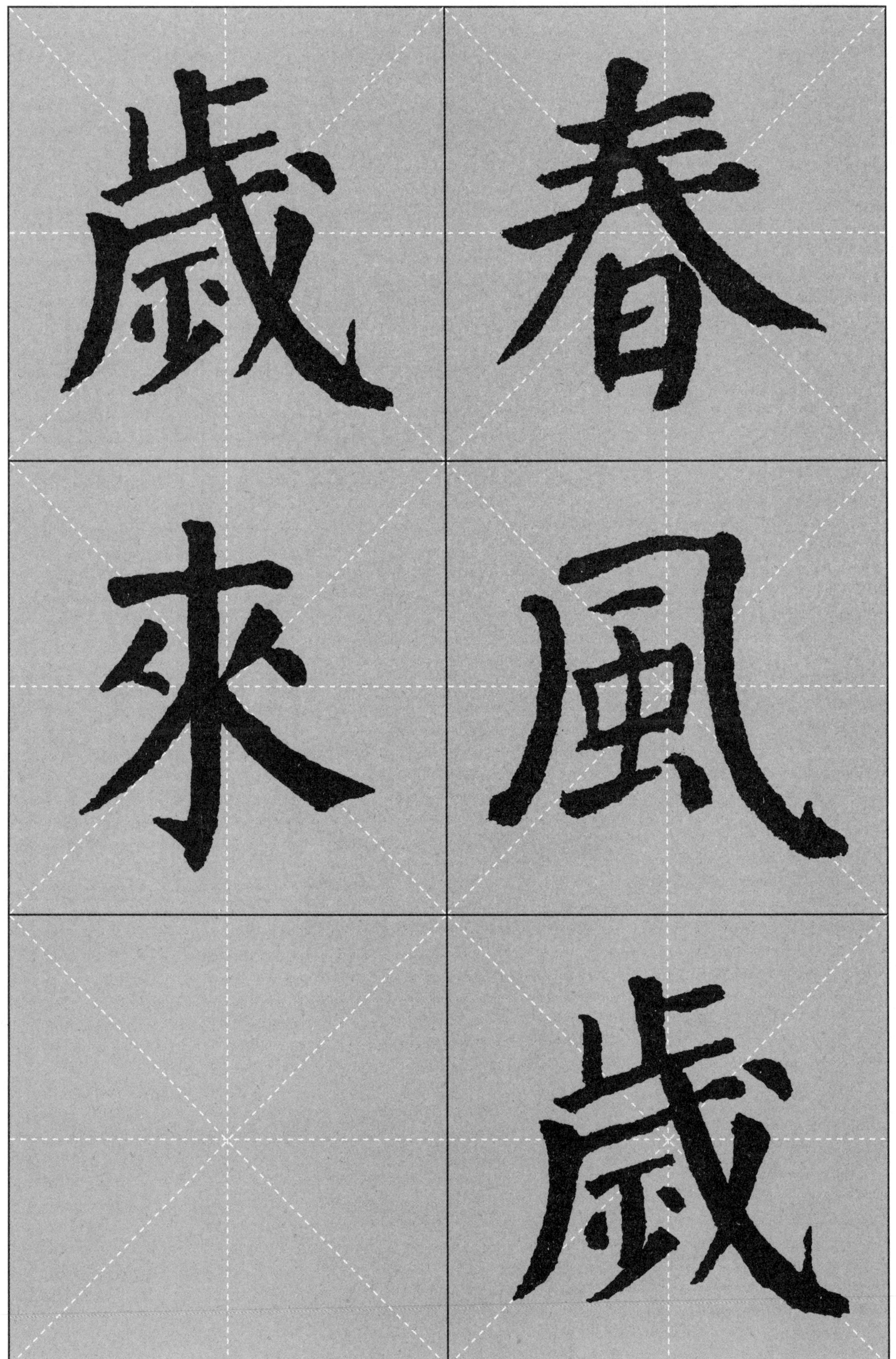
春風歲
歲來

又

是

迎

又是迎春接福日

依然開放改革季

春接福

日依然

開放改
革萃

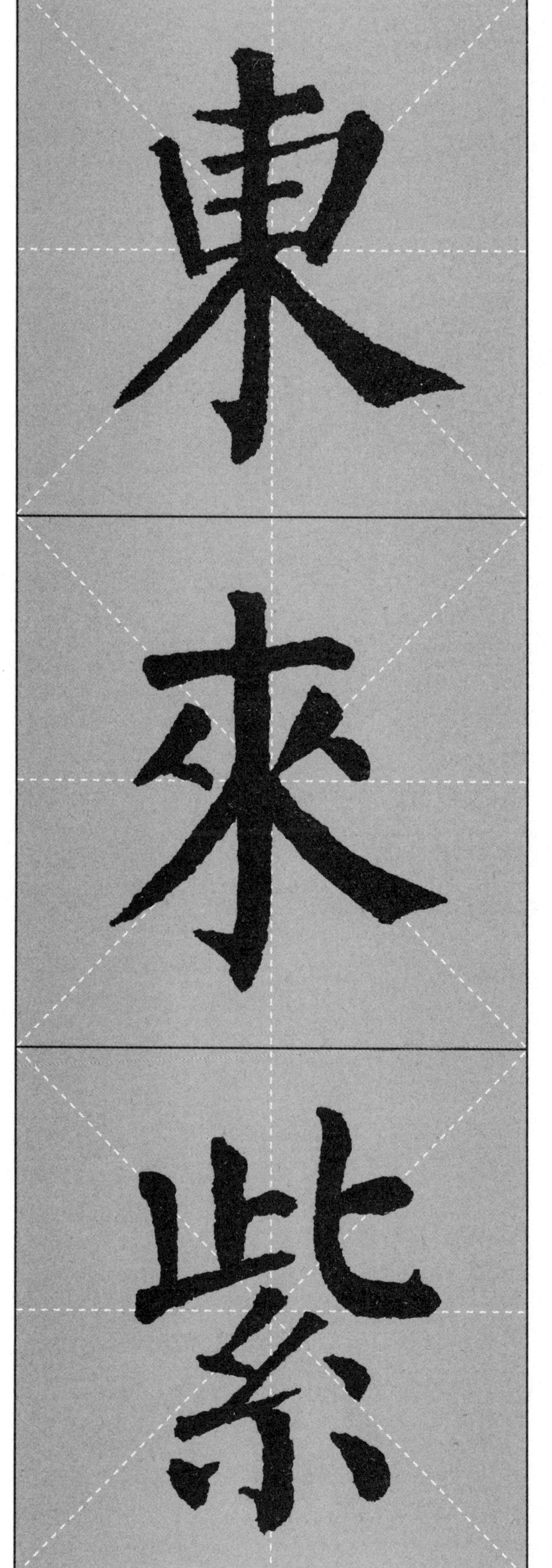

東來紫氣西來福

南進祥光北進財

氣西來
福南進

祥光北

進財

全家平

安增百
福滿門

和千
順祥
納

雅
何
須
室
室雅何須大
花香不在多
丙申春月
學良

大花香
不在多

海闊憑魚躍

天高任鳥飛

學良

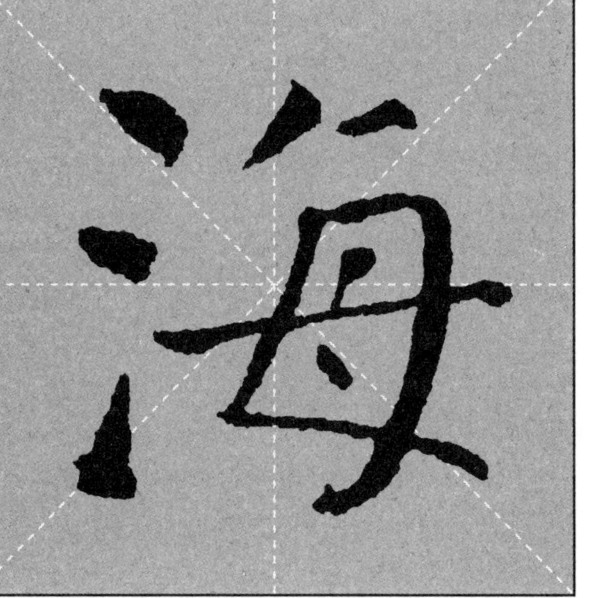

闊

躍
天
高
任
鳥
飛

竹因虚受益
辛巳秋月
松以静延年
学良
因
虚
受
竹

益松以靜延年

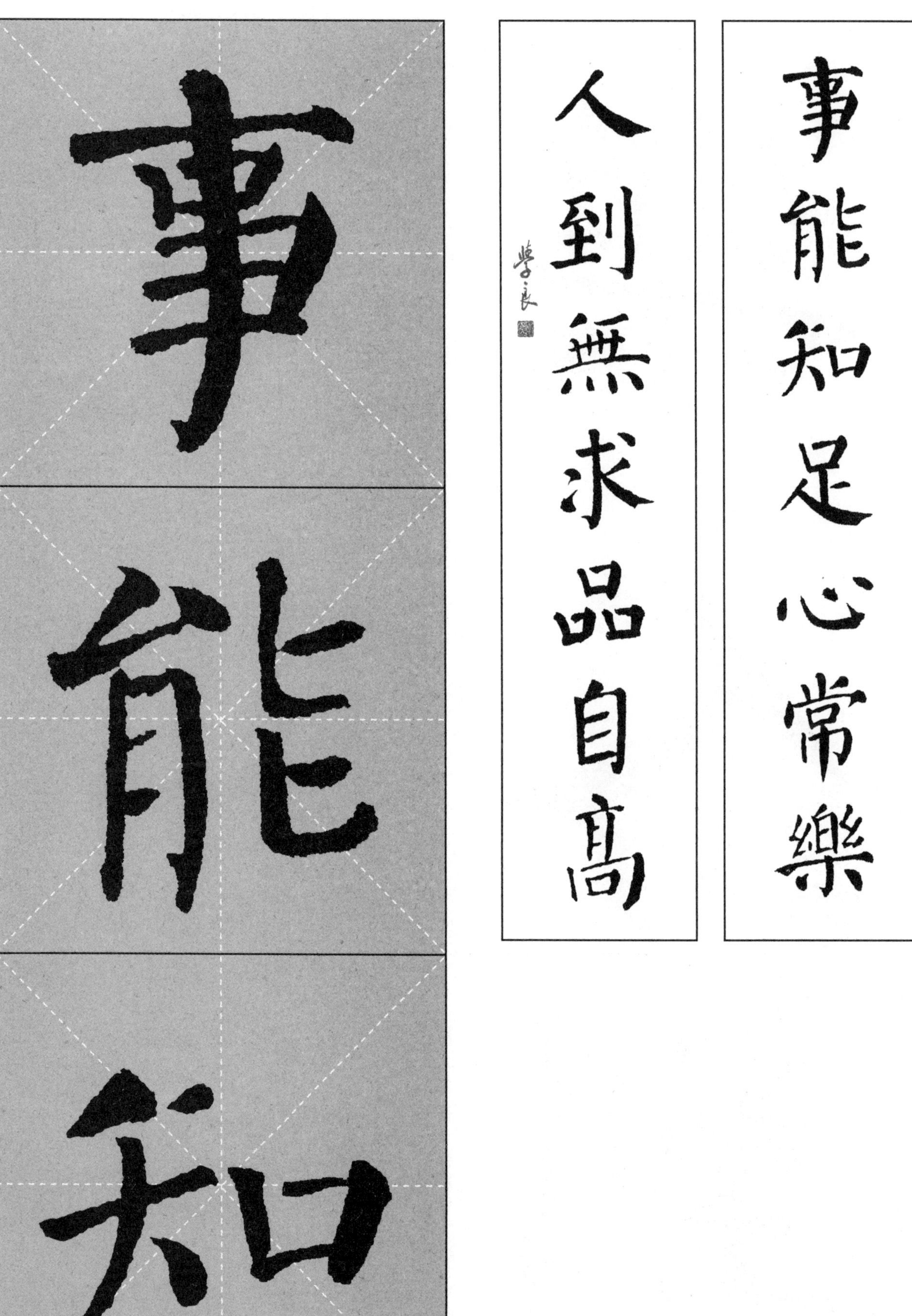
事
能
知
事能知足心常樂
人到無求品自高
學良

足心常
樂人到

無求品
自高

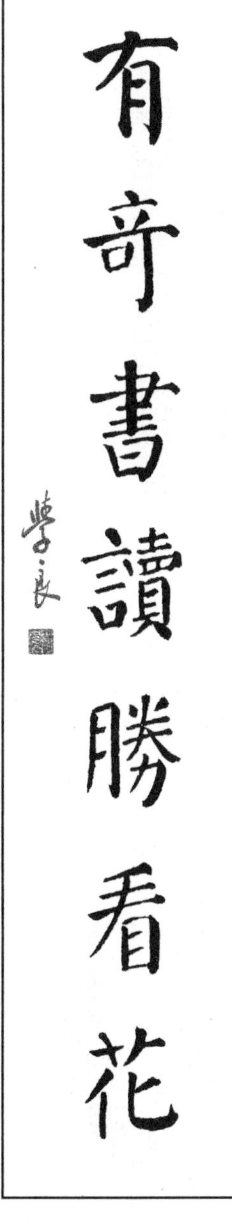

得好友

來如對
月有奇

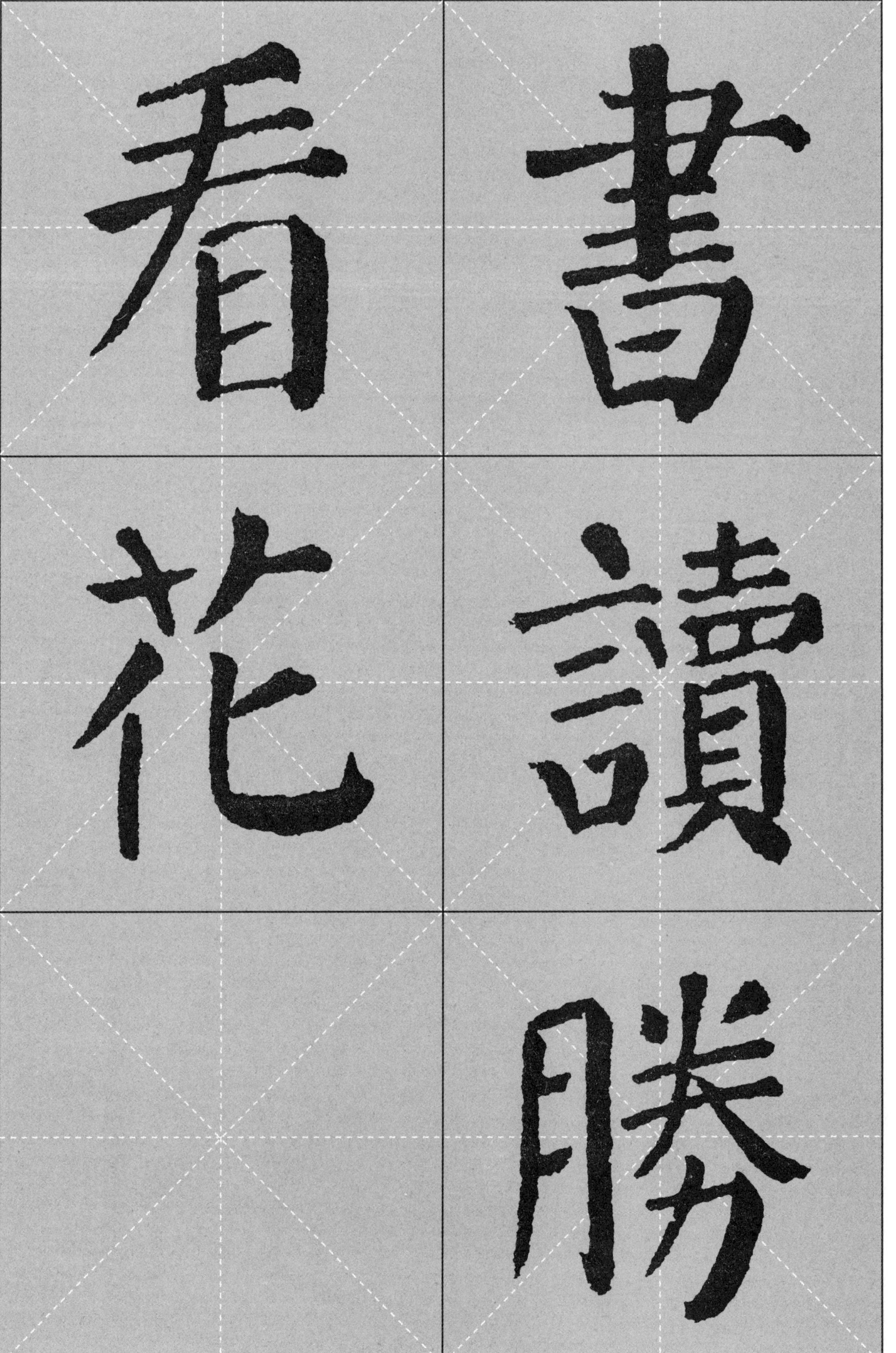
書讀勝
看花

水
惟
善

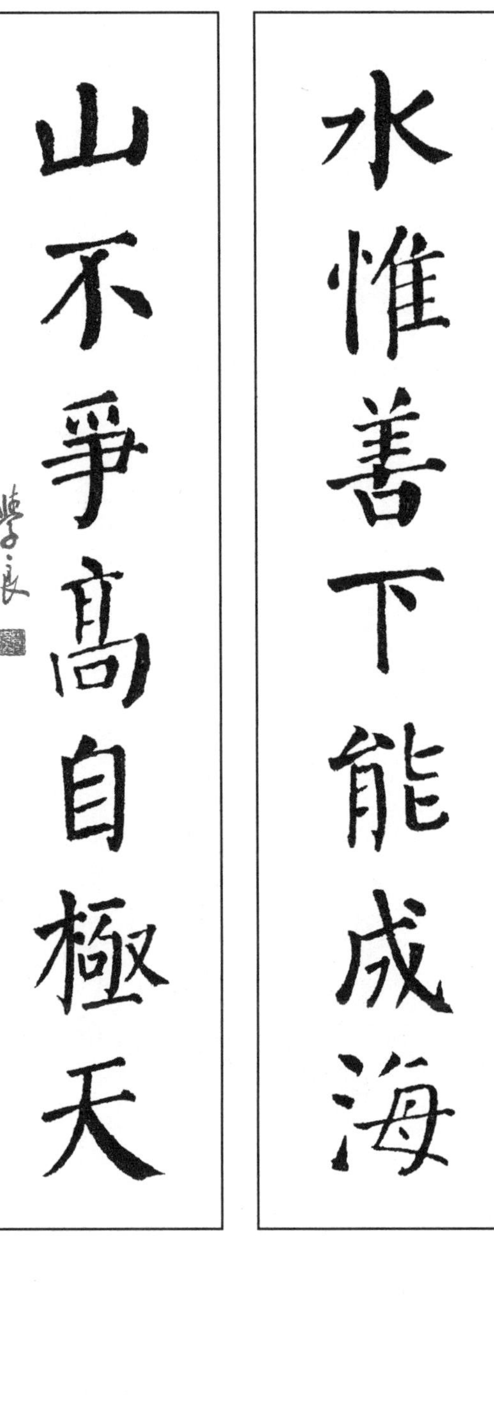

下能成
海山不

爭高自
極天

花

不

知

名難品第竹因

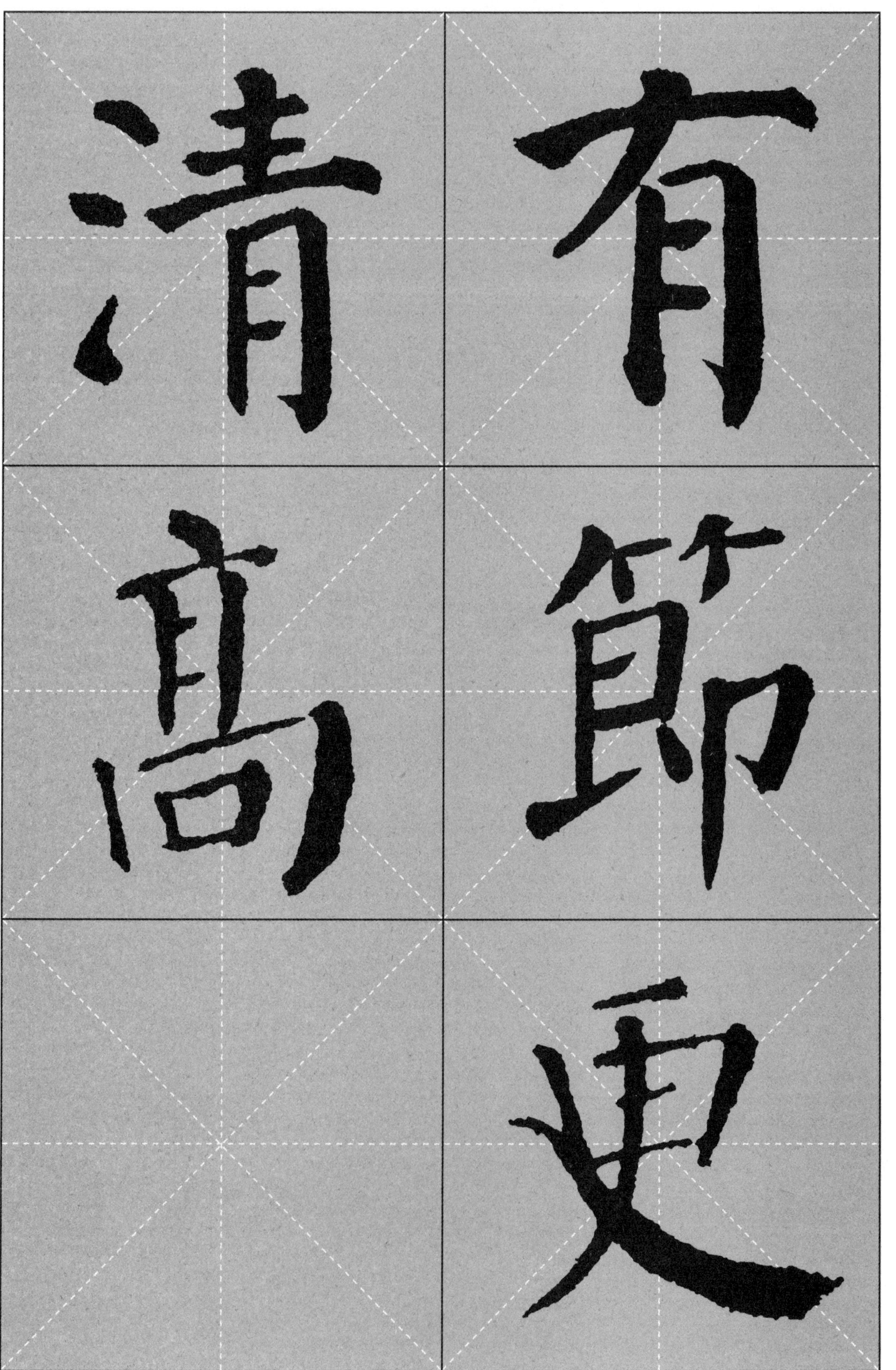
有節更
清高

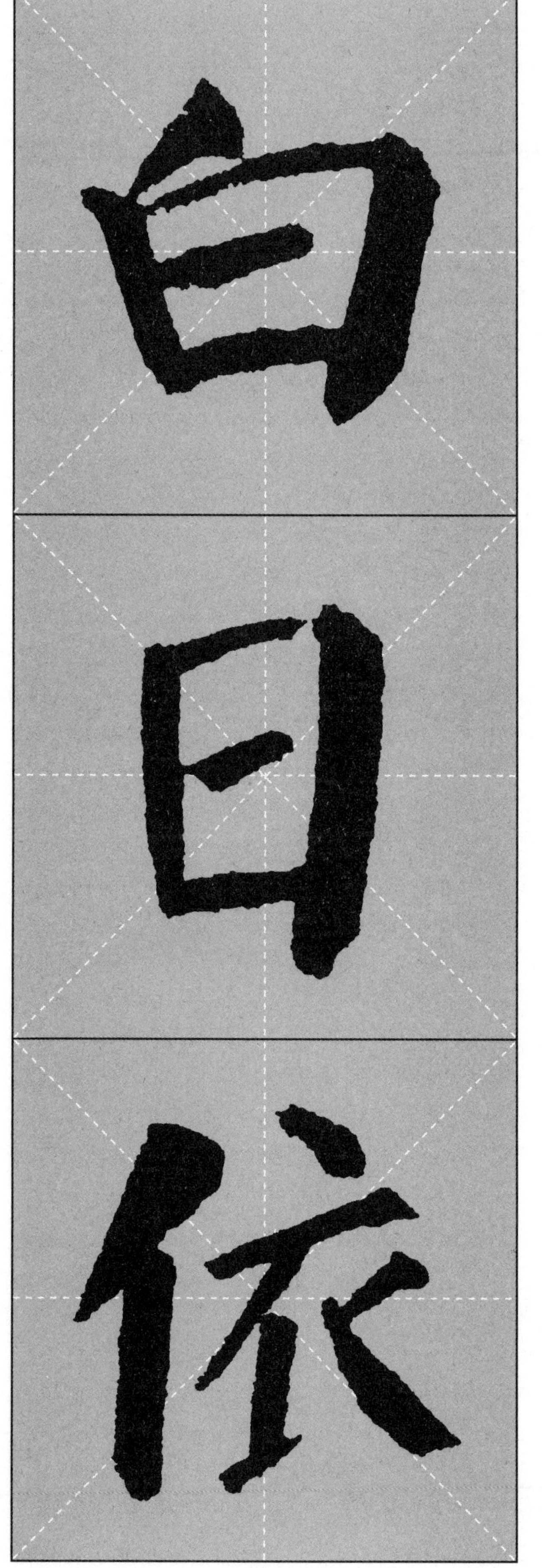

白日依山盡，黄河入海流。欲窮千里目，更上一層樓。

王之渙登鸛雀樓 學良

山
盡
黄
河
入
海

更上一
層樓

春眠不覺曉
處處聞啼鳥
夜來風雨聲
花落知多少

孟浩然 春曉 歲在壬寅桃月 學良

覺
曉
處
處
聞
啼

鳥
夜
來
風
雨
聲

花落知
多少

移

舟

泊

煙渚日
暮客愁

野曠天低樹

新

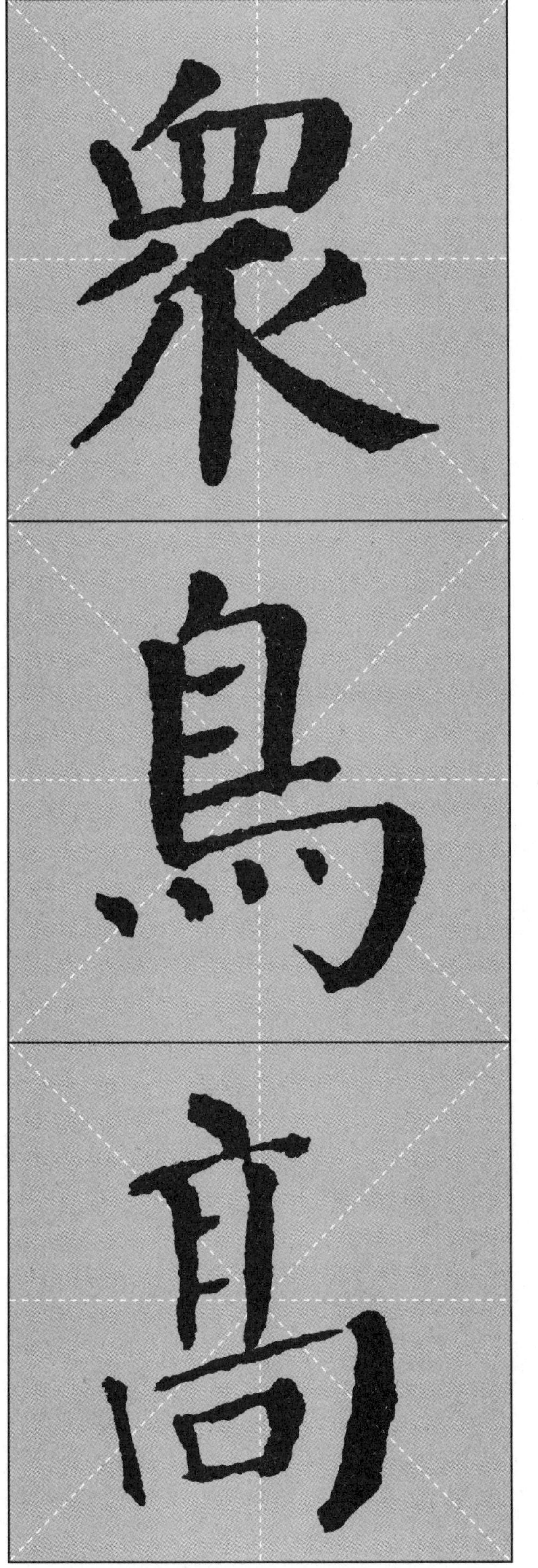

眾鳥高飛盡孤雲獨去閒相看兩不厭祇有敬亭山

飛盡孤
雲獨去

間雨
相不
看厭

床前朙月光疑是地上
霜舉頭望朙月低頭思
故鄉

李白静夜思 壬寅春月 學良試吊

月光疑是地上

霜
舉
頭
望
明
月

低頭思
故鄉

松

下

問

雲	祇	言	松
深	在	師	下
不	此	採	問
知	山	藥	童
處	中	去	子

前人云顏魯公作書好用雞鋒狼毫今以小豆筆試之信然 壬寅夏月 學良

童子言
師採藥

去祇在
此山中

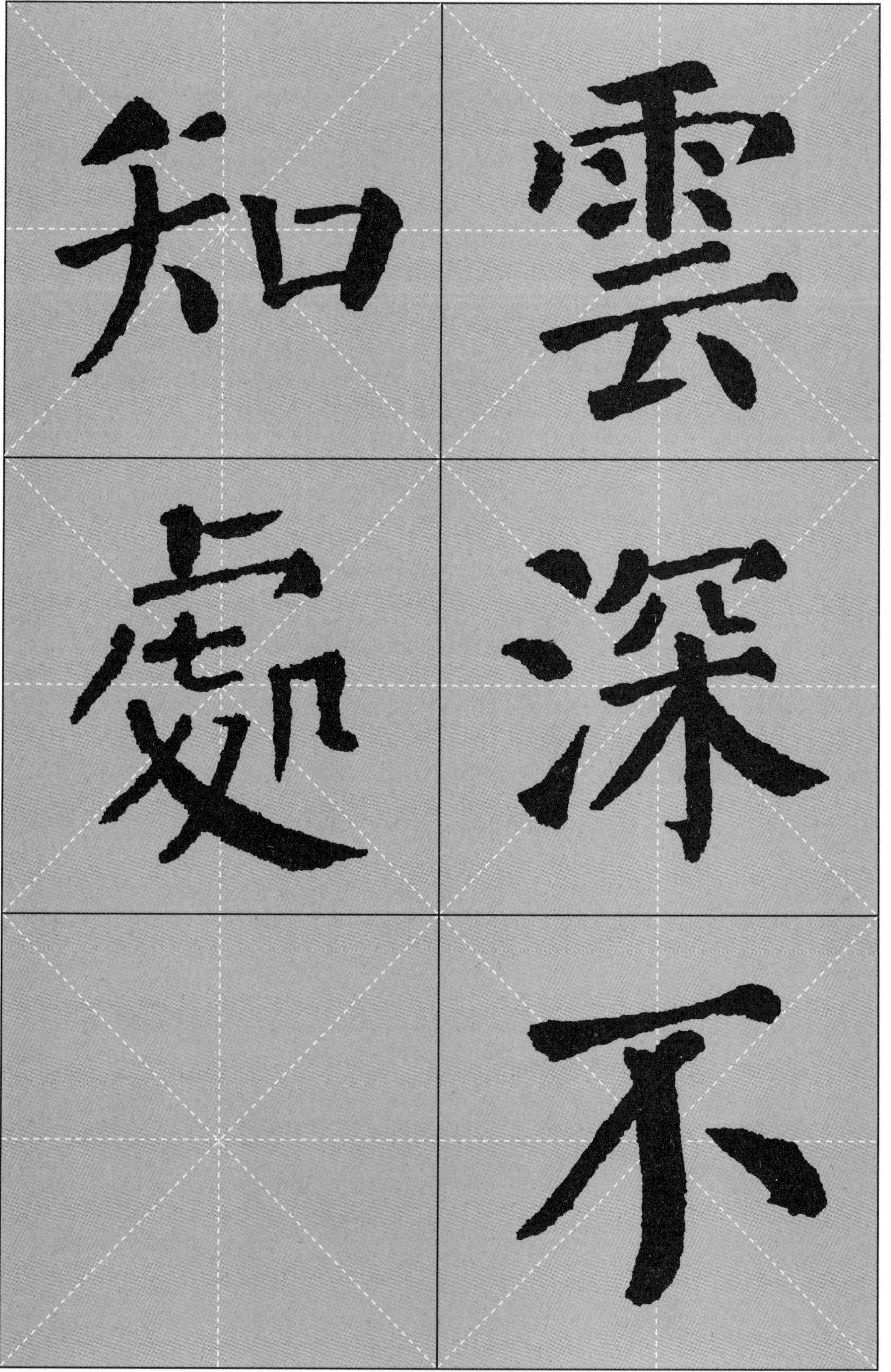
雲深不
知處

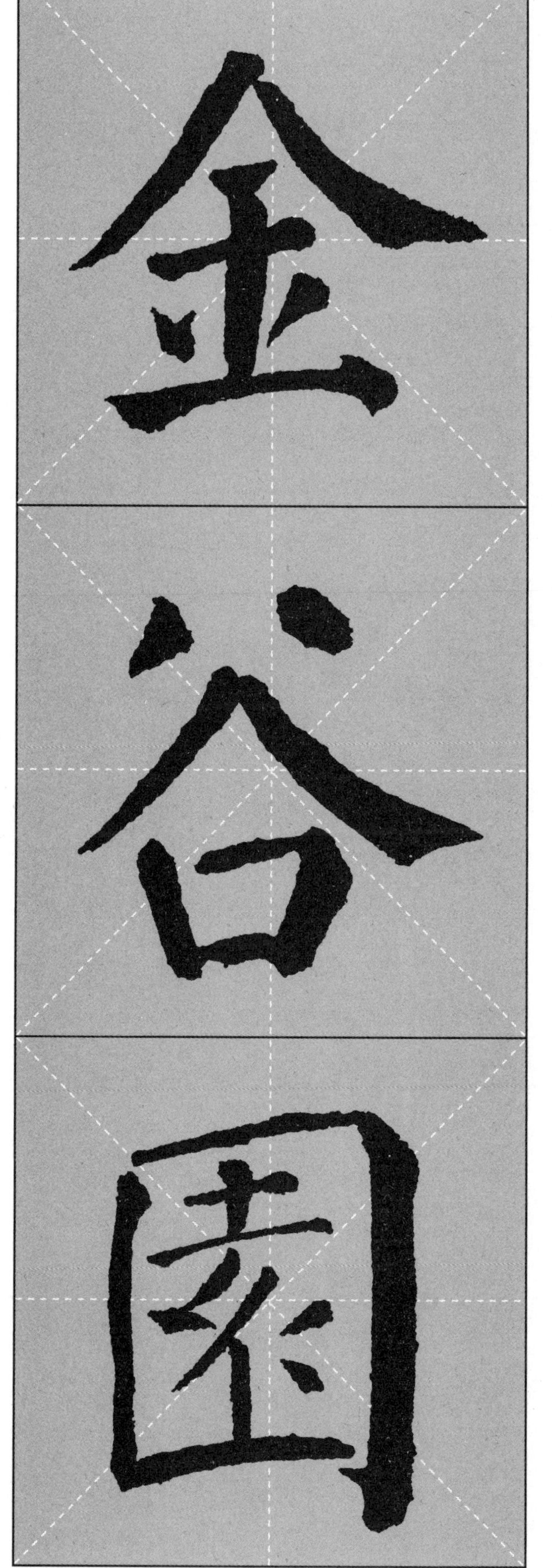
金谷園
金谷園中柳春來
似舞腰那堪好風
景獨上洛陽橋
李益詩 壬寅春月 學良

中柳春來似舞

腰那堪好風景

獨上洛
陽橋

懷君屬秋夜
散步詠涼天
山空松子落
幽人應未眠

韋應物詩一首
黃淳先生斧正 學良

秋
夜
散
步
訊
涼

天
山
空
松
子
落

幽人應未眠

墻角數

墻角數枝梅凌寒獨自開遥知不是雪為有暗香來

枝
梅
凌
寒
獨
自

開遥知
不是雪

爲有暗
香來

日落碧
日落
碧簪
外人
行紅
雨中
幽人
詩酒
裏又
是一
春風

簪外人行紅雨

中幽人
詩酒裏

一音之
迺皋

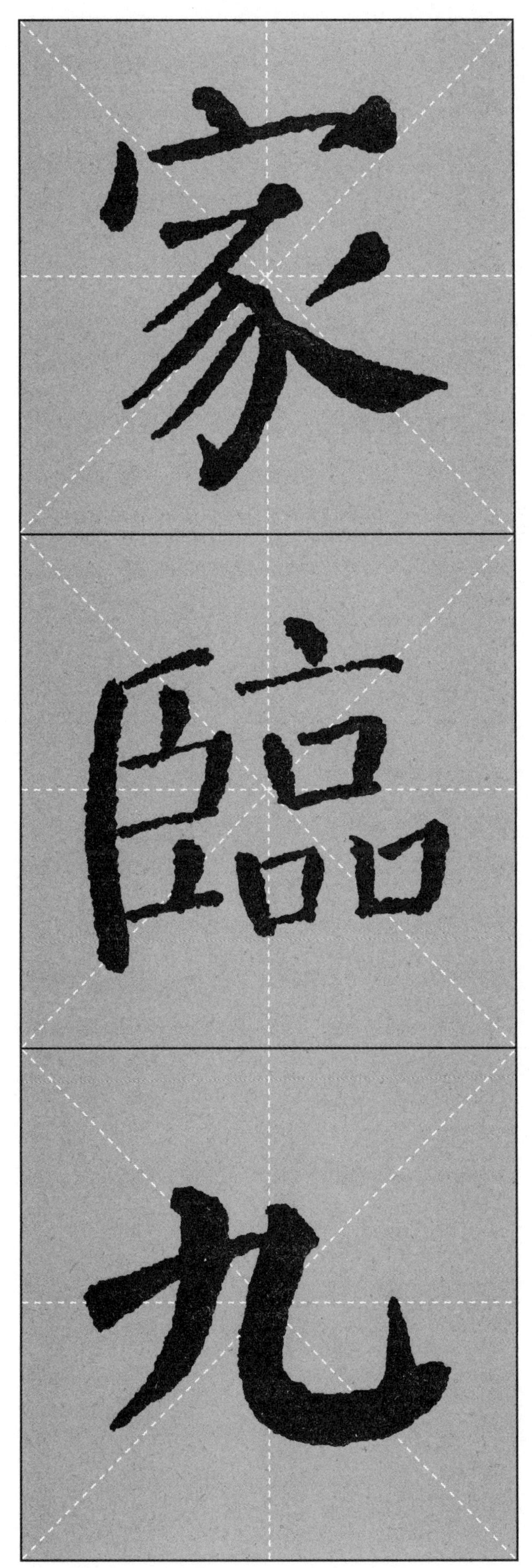

家臨九江水來去九
江側同是長干人生
小不相識

壬寅秋日
学良集字

江
水
來
去
九
江

側同是
長干人

生小不
相識

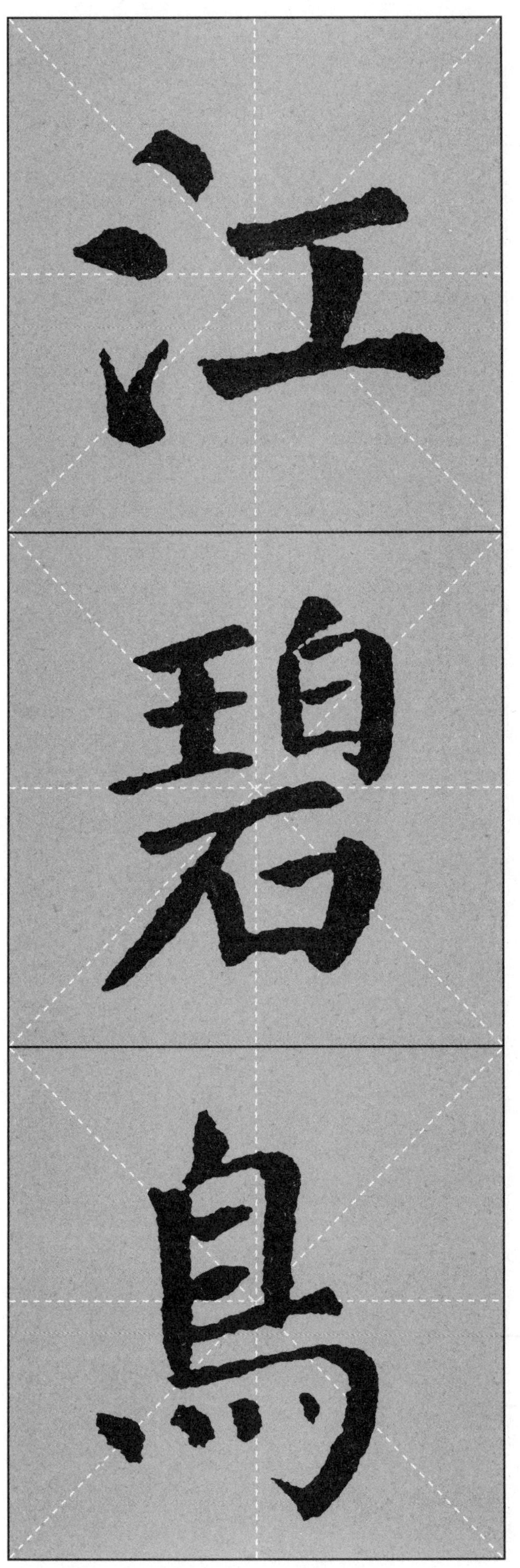

江碧鳥逾白
山青花欲燃
今春看又過
何日是歸季

学良集字

逾白山
青花欲

燃今春看又過

何日是
歸年

江上往來人
但愛鱸魚美
君看一葉舟
出没風波裏

学良集字

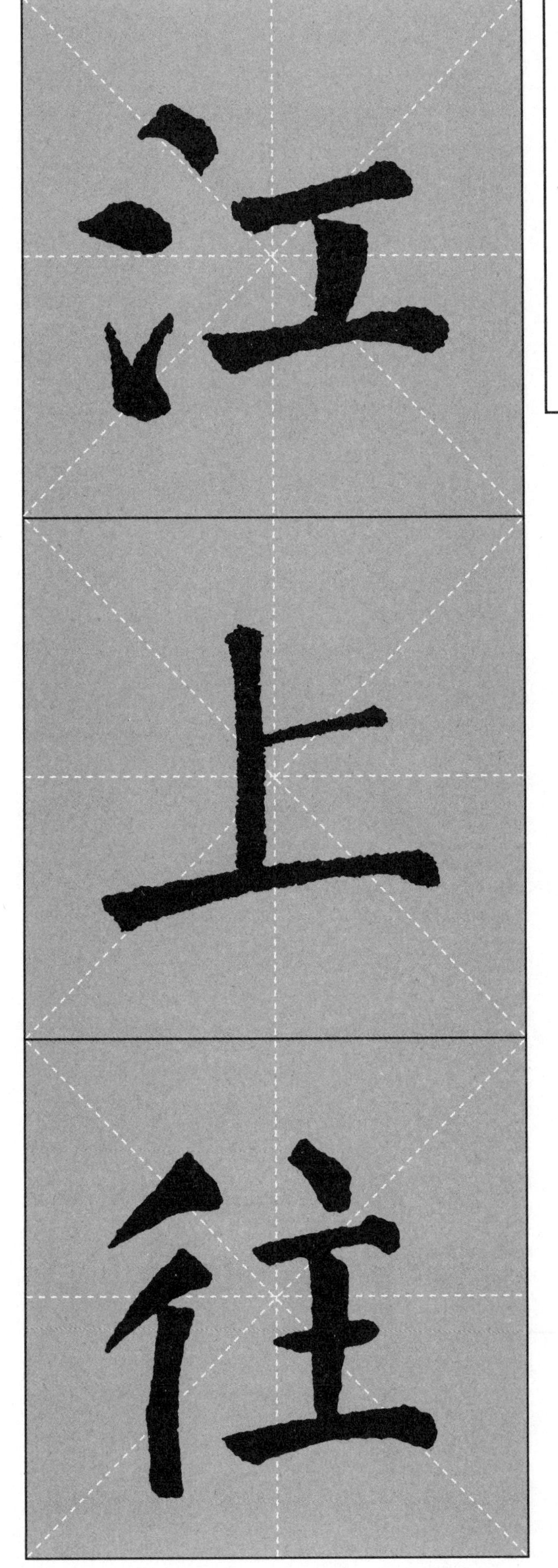

來
人
但
愛
鱸
魚

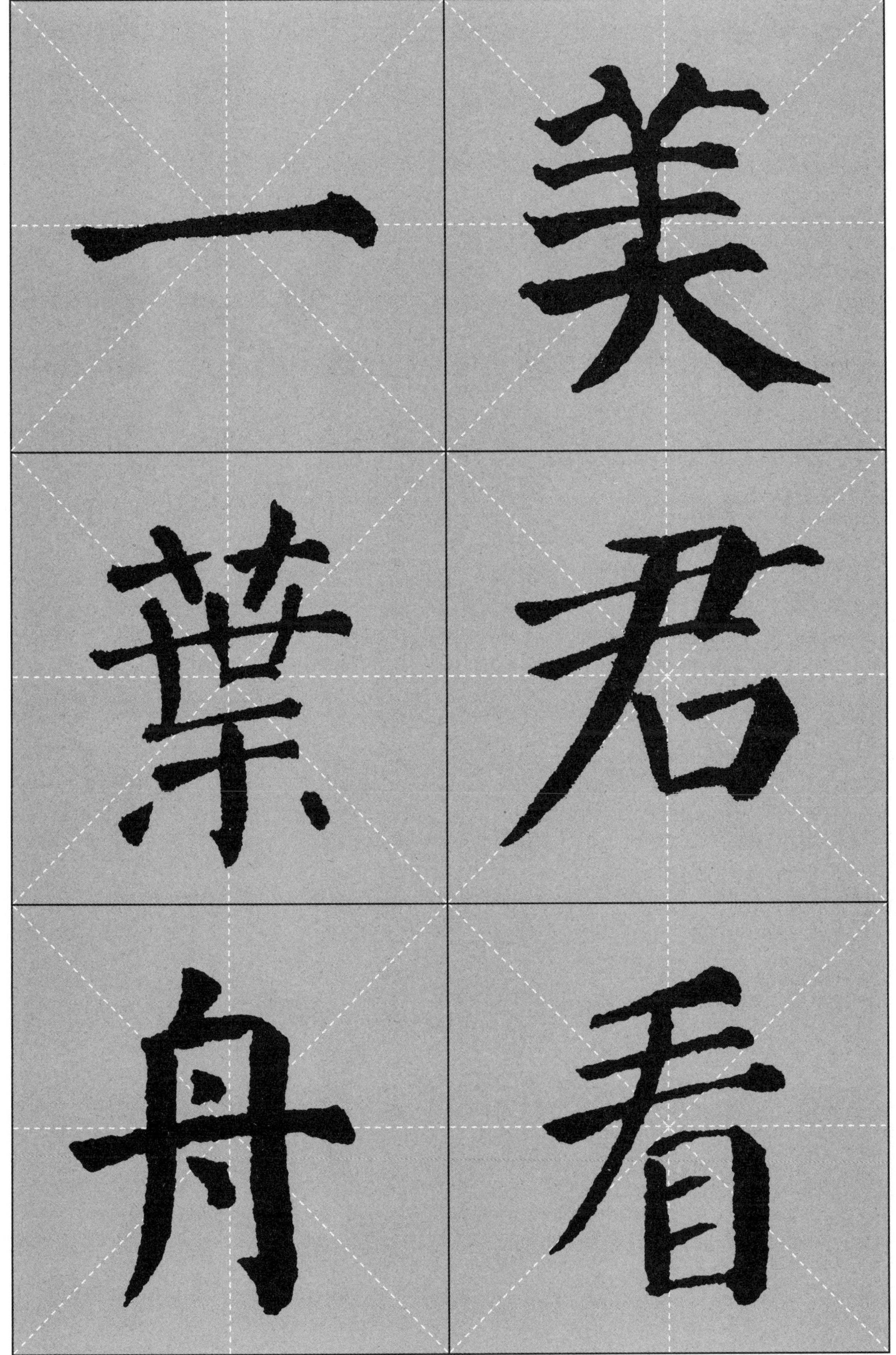
美君看
一葉舟

出没風
波裏

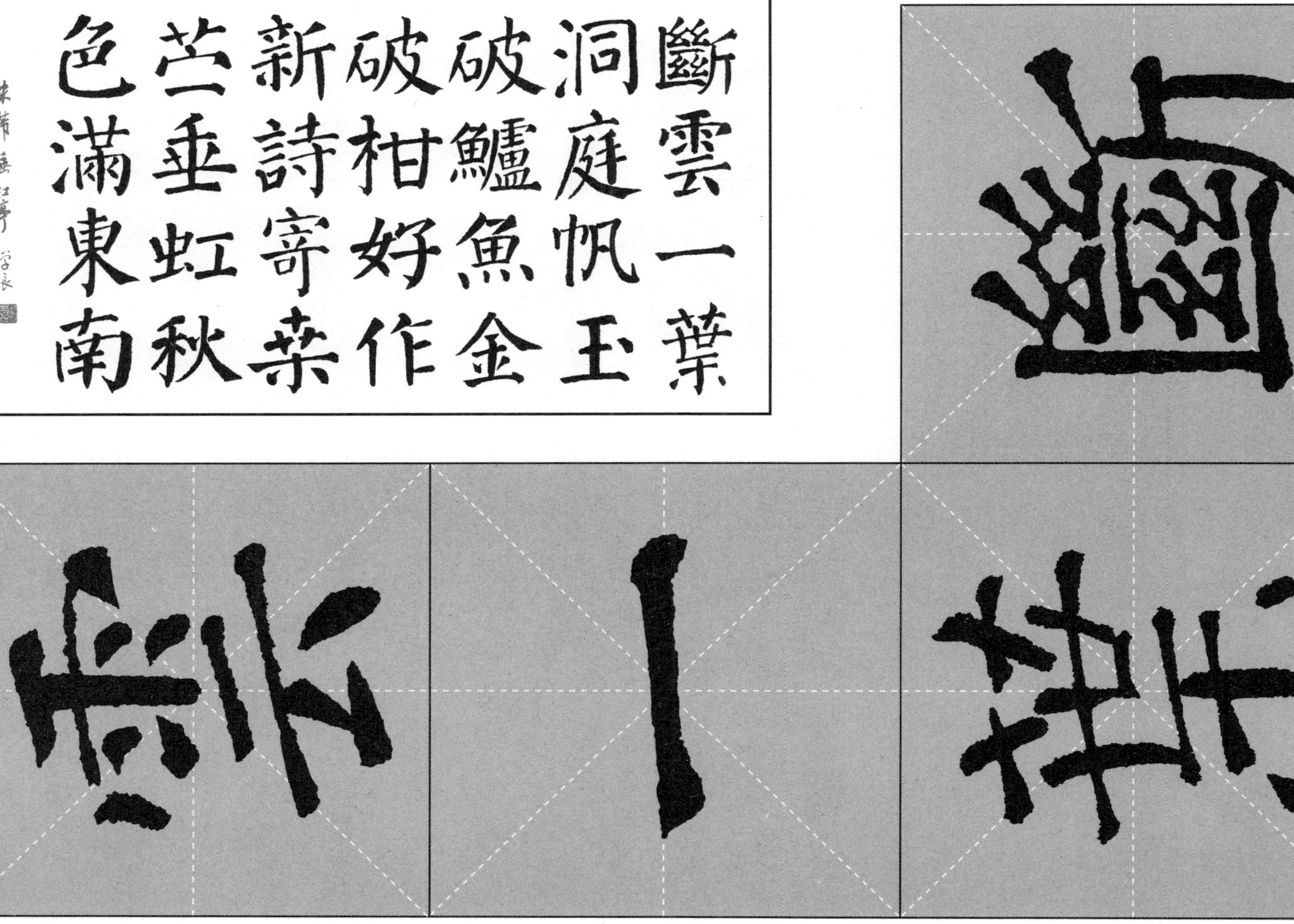

斷雲一葉洞庭帆
玉破鱸魚金破柑
好作新詩寄桑苎
垂虹秋色滿東南

米芾 垂虹亭 学良

洞庭帆
玉破鱸

魚
金
破
柑
好
作

新
詩
寄
茶
芒
垂

虹
秋
邑
滿
東
南

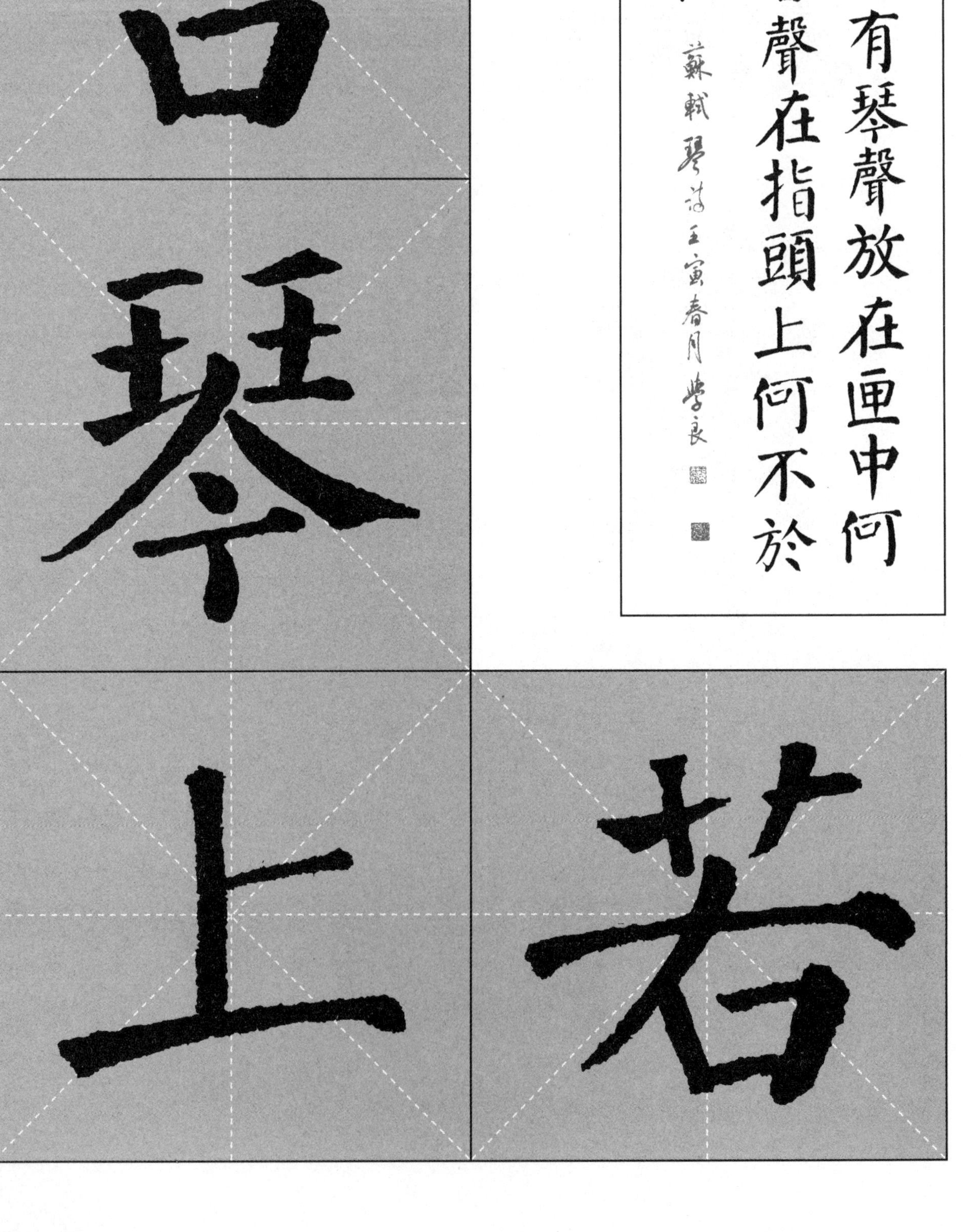

若言琴上有琴聲放在匣中何不鳴若言聲在指頭上何不於君指上聽

蘇軾琴詩 壬寅春月 學良

有琴聲
放在匣

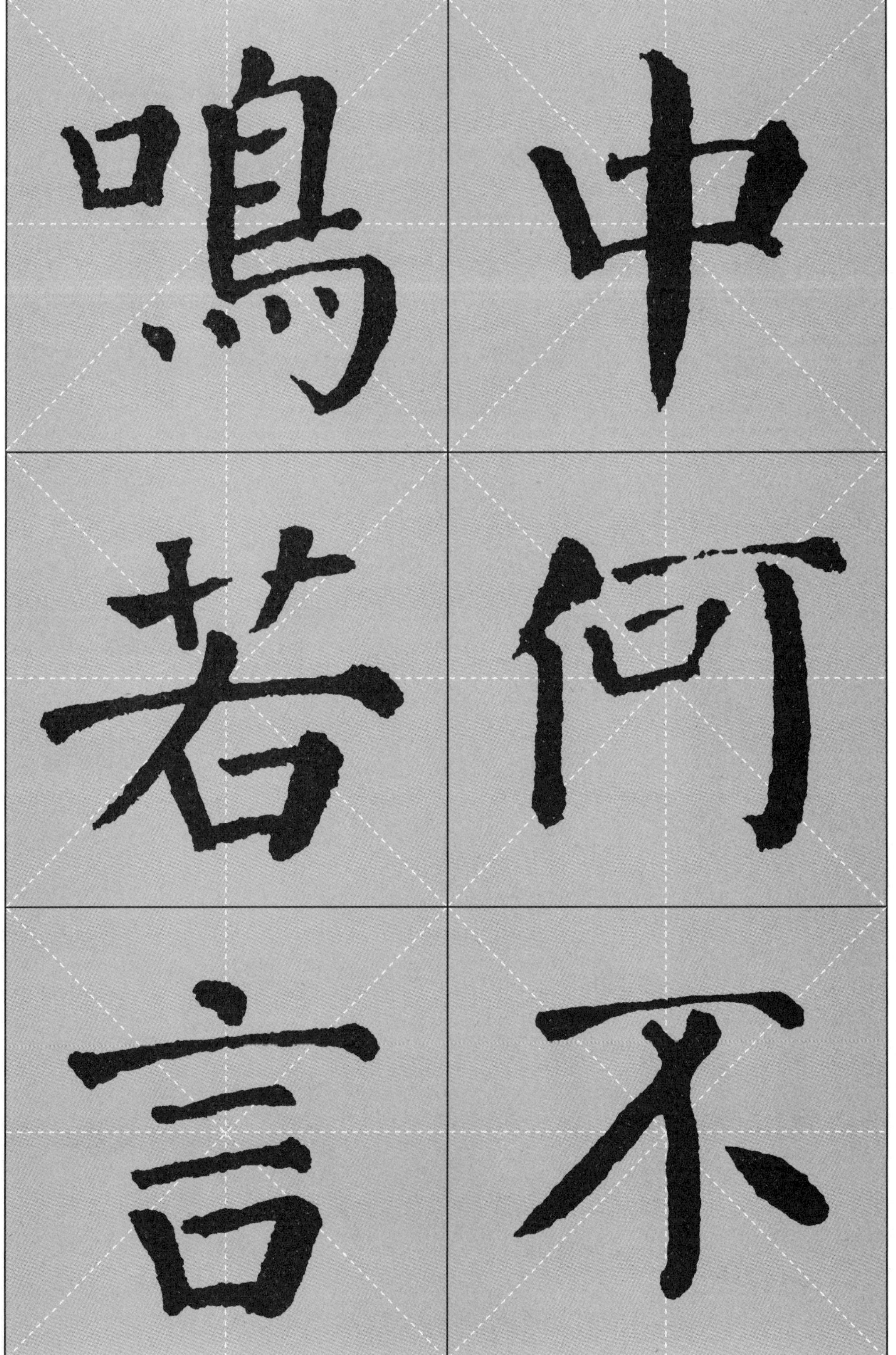
中
何
不
鳴
若
言

聲在指

頭上何

不於君
指上聽

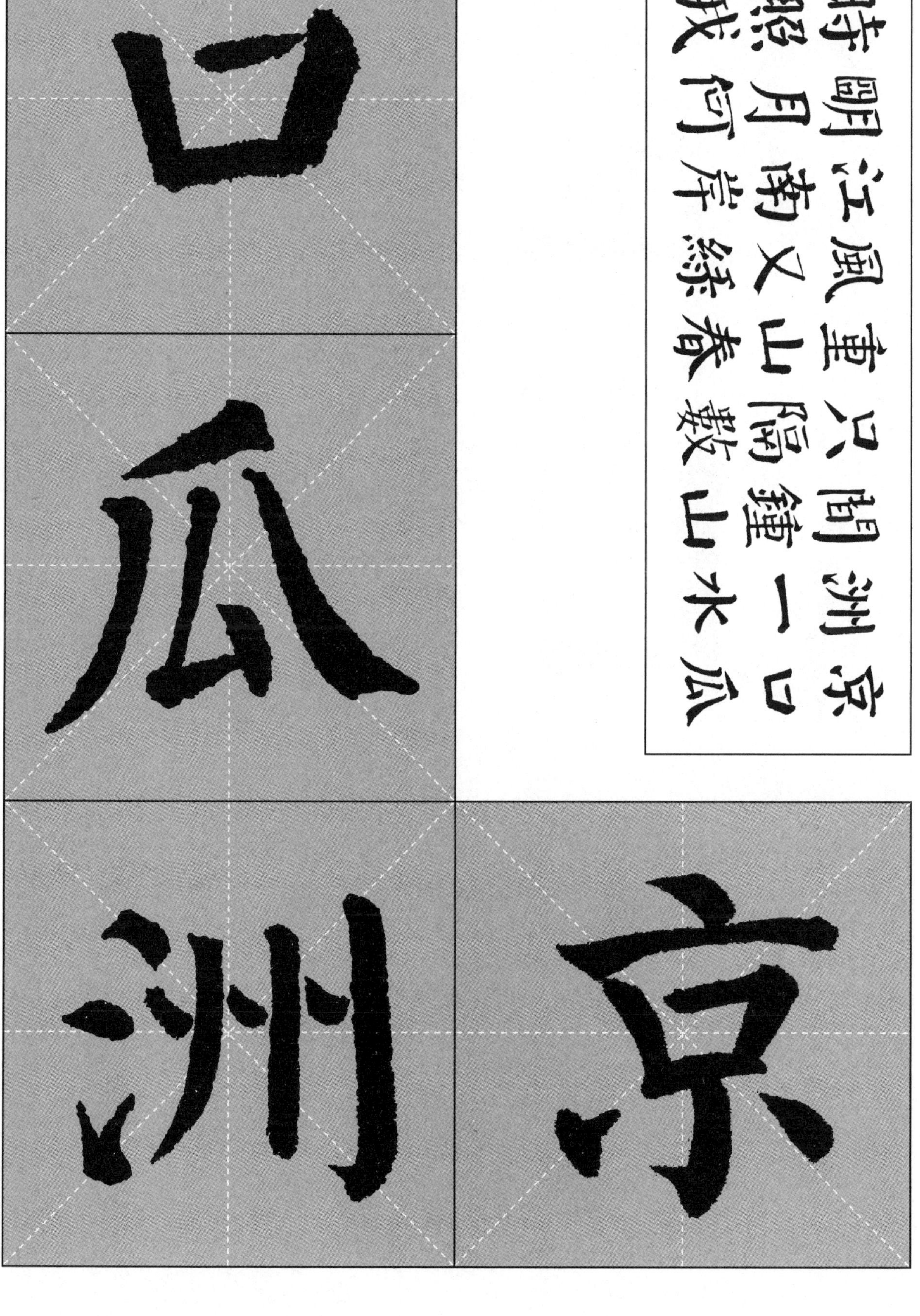

京口瓜洲一水間鍾山只隔數重山春風又緑江南岸明月何時照我還

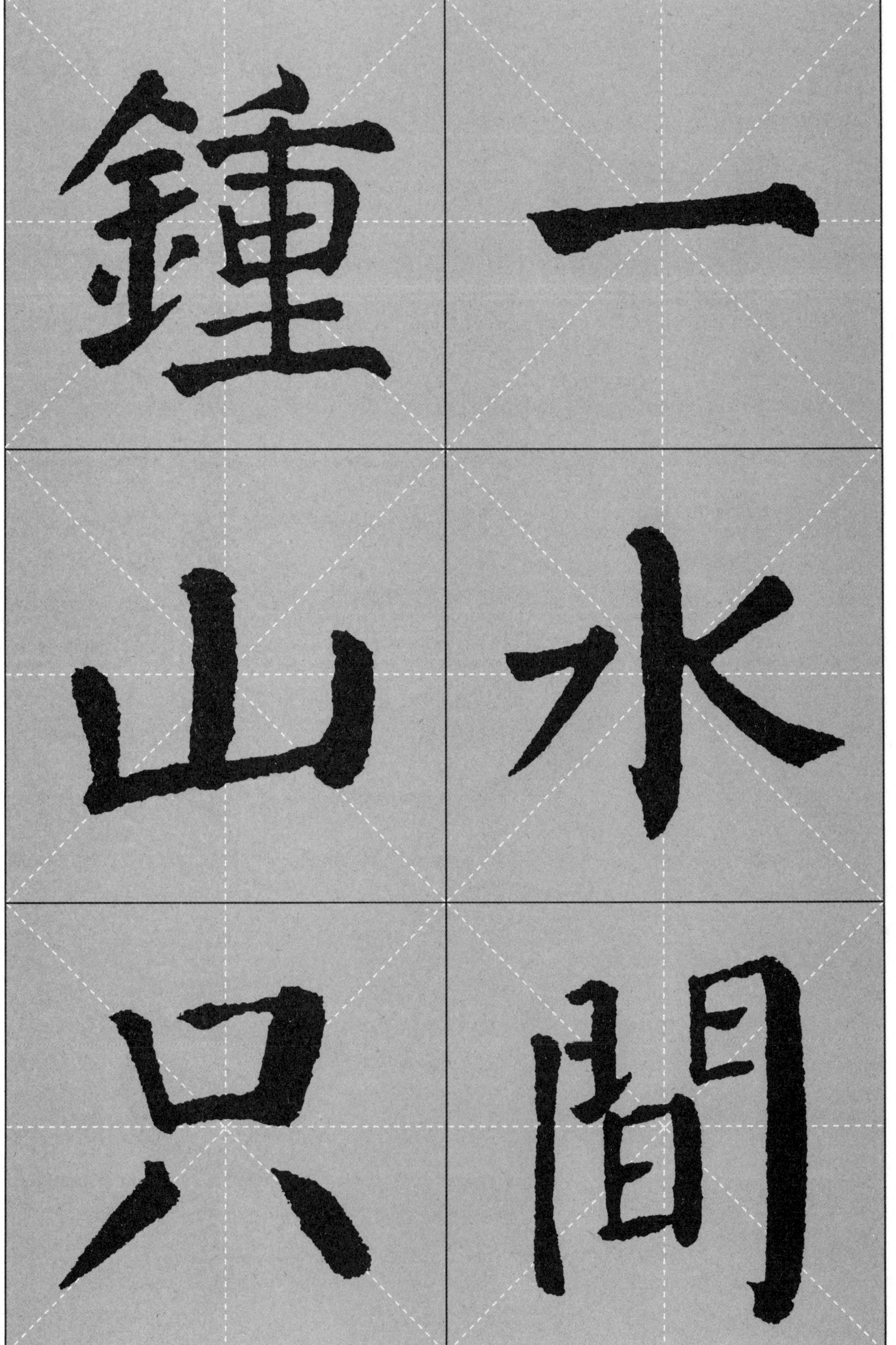
一
水
間
鍾
山
只

隔
數
重
山
春
風

又綠江
南岸明

1
2
3

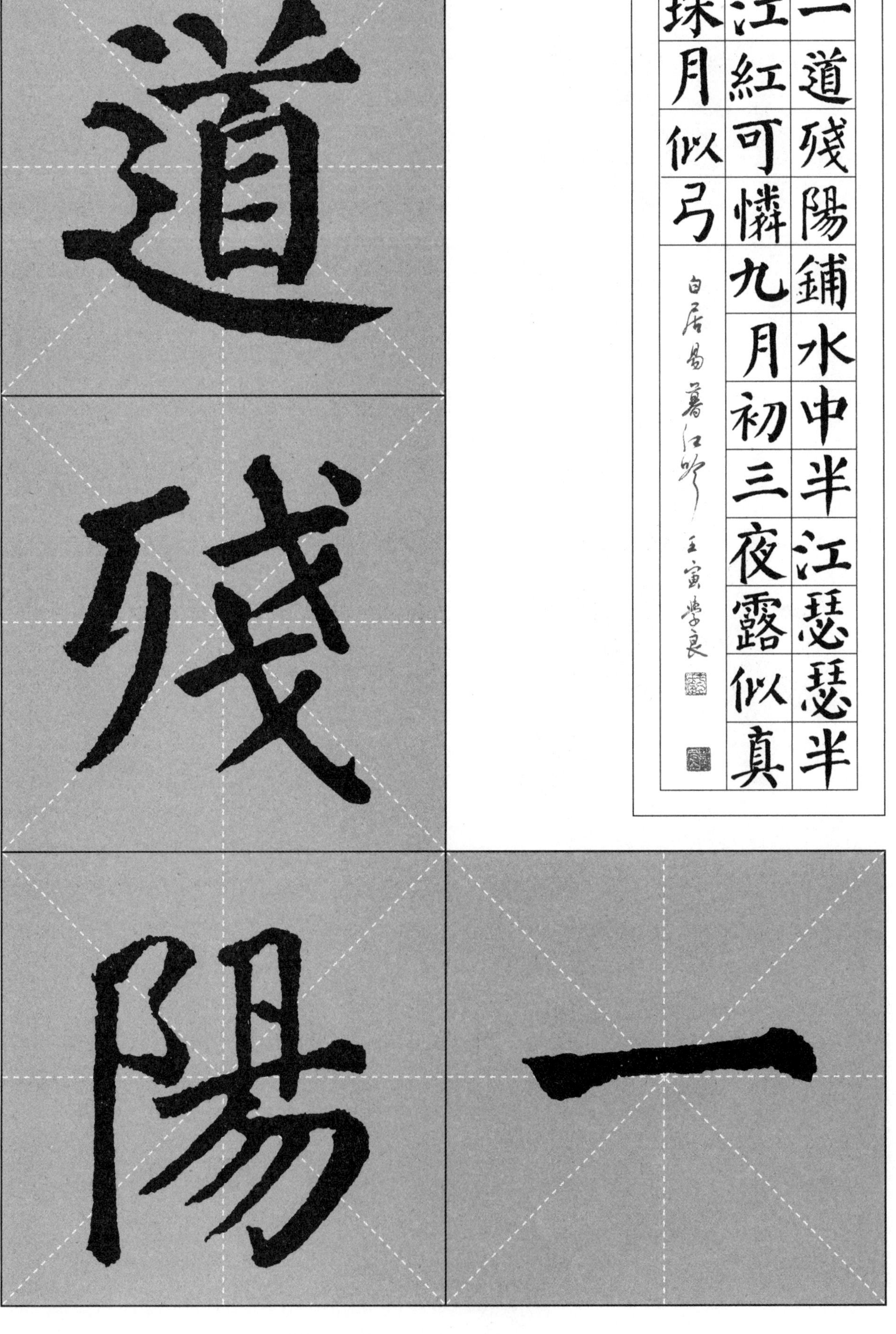
道
殘
陽
一
一道殘陽鋪水中半江瑟瑟半
江紅可憐九月初三夜露似真
珠月似弓
白居易暮江吟 壬寅學良

铺
水
中
半
江
瑟

瑟
紅
半
可
江
憐

九月初
三夜露

似真珠
月似弓

天際烏雲含雨
重樓前紅日照
山明嵩陽居士
今何在青眼看
人萬里情
蔡襄夢中作詩一首
歲在壬寅初夏書於
黄澤花 學良
天
雲
烏
際

合
雨
重
樓
前
紅

日照山
明萬陽

居
何
士
在
令
青

眼看人
萬里情

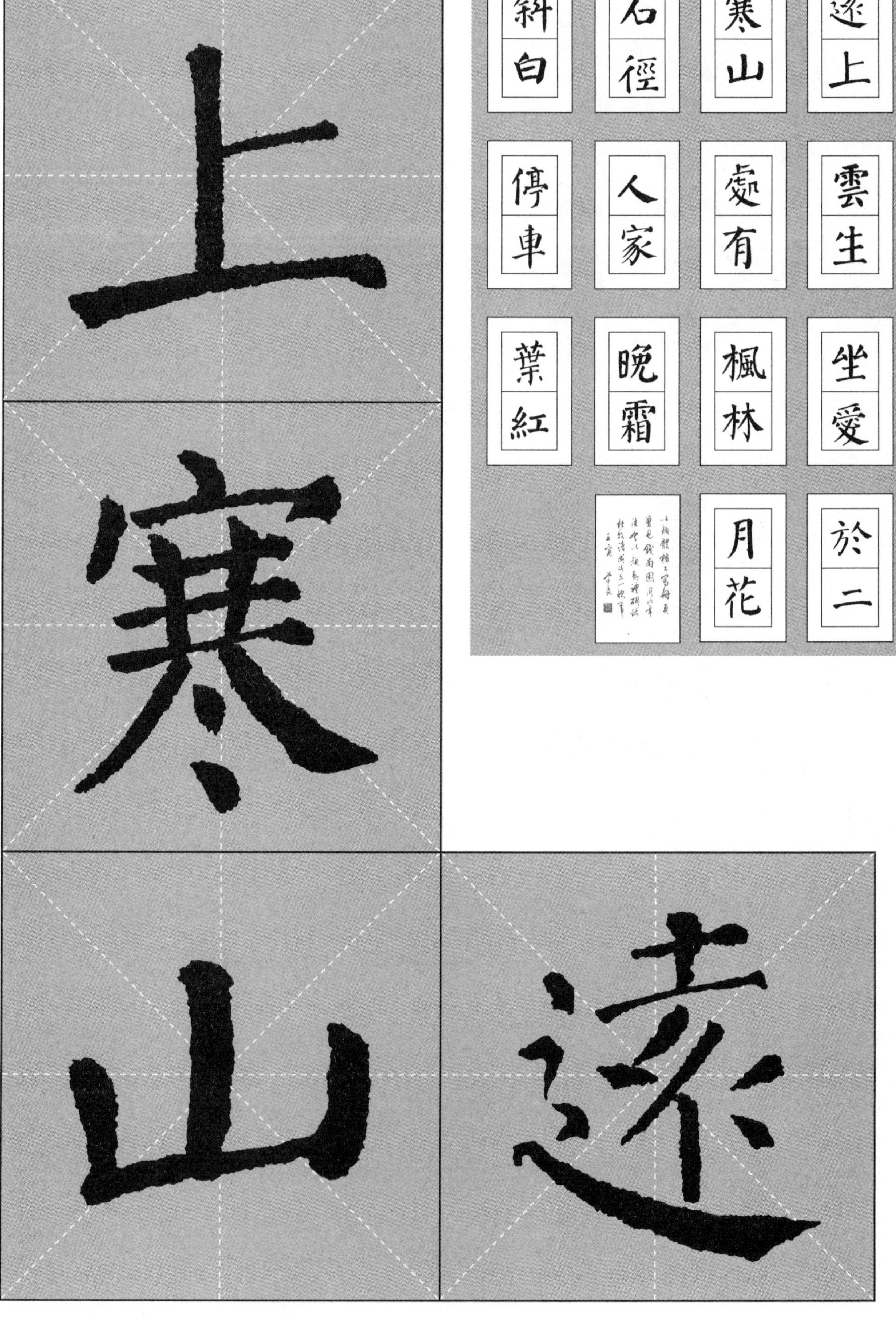
遠上
寒山
石徑
斜白
雲生
處有
人家
停車
坐愛
楓林
晚霜
葉紅
於二
月花

石徑斜白雲生

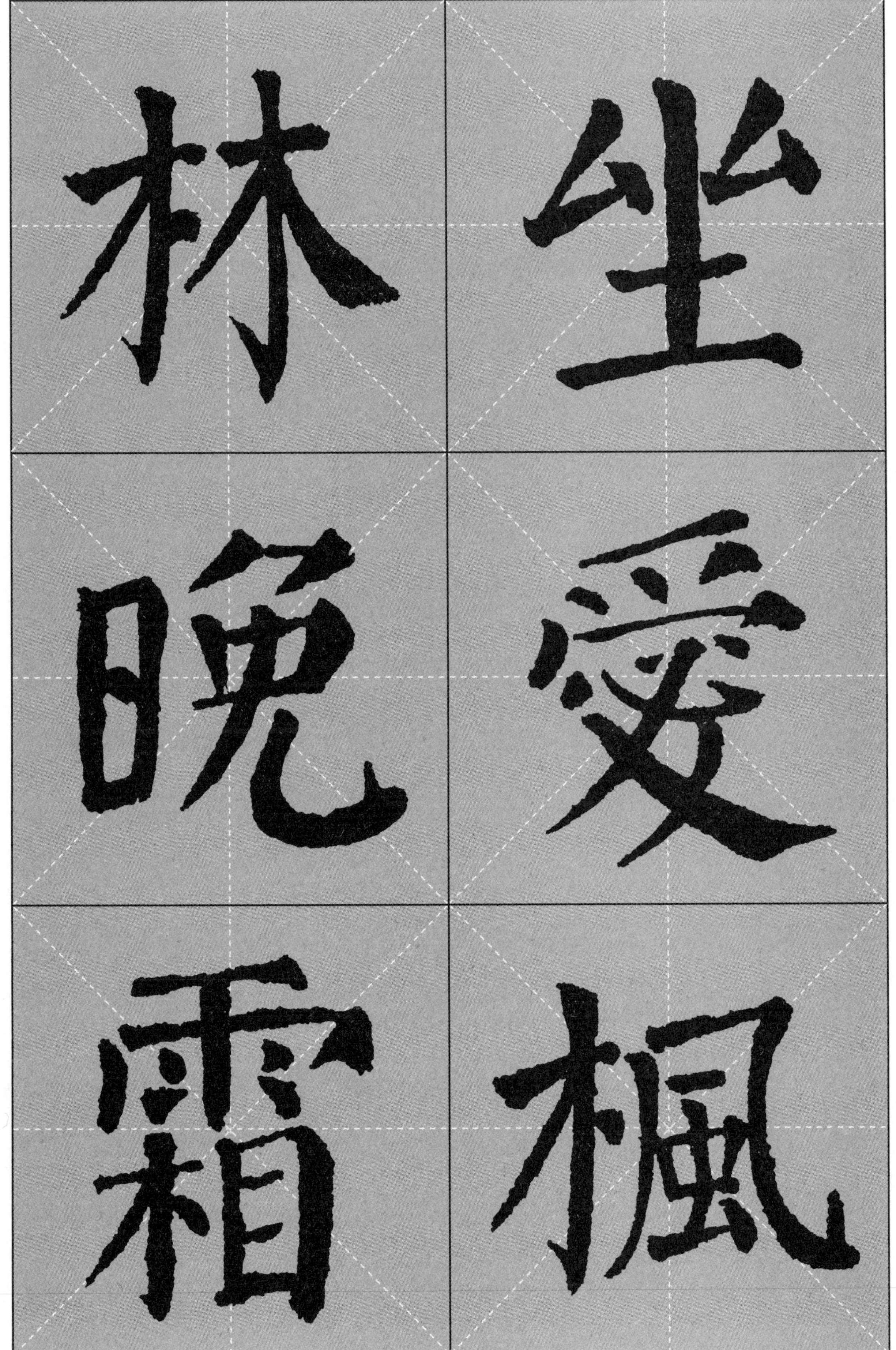
坐愛楓
林晚霜

葉紅於
二月花

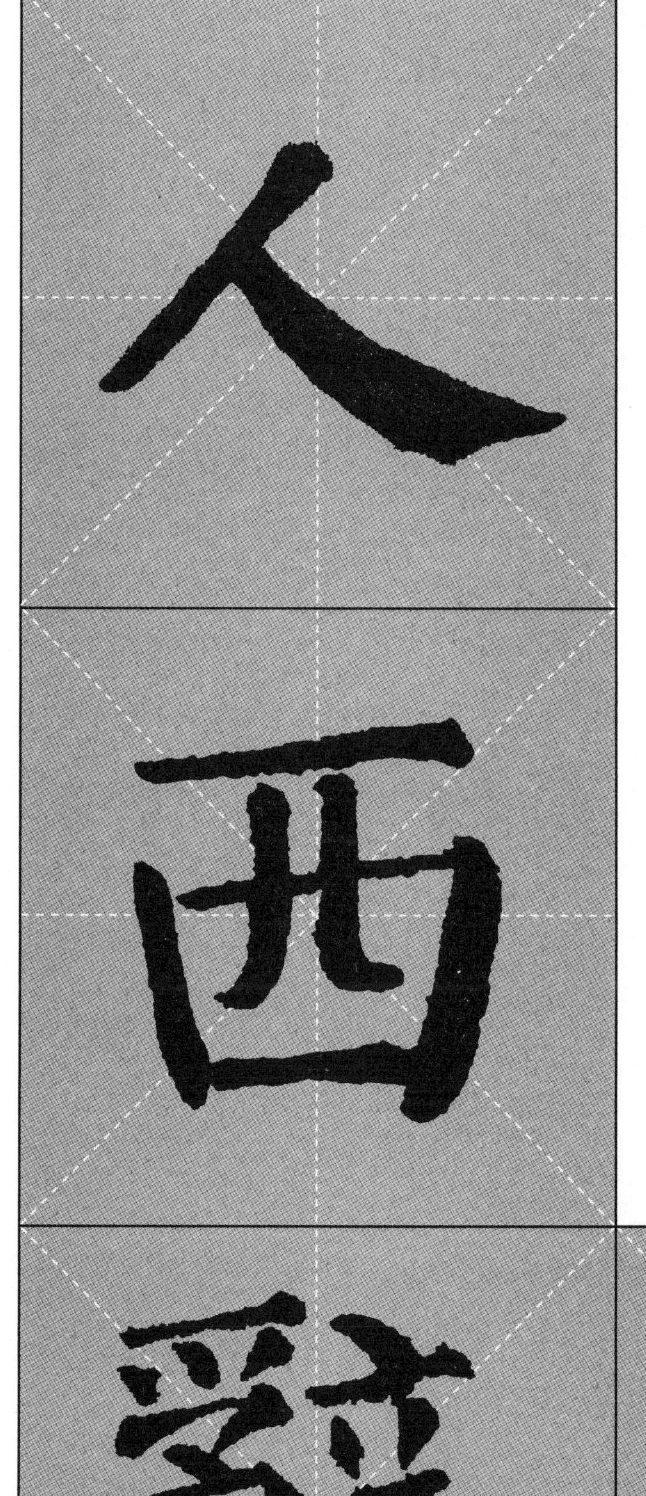

故人西辭黄鶴樓
煙花三月下揚州
孤帆遠影碧空盡
唯見長江天際流

李白詩一首 學良

黃鶴樓
煙花三

月下揚
州孤帆

遠
影
碧
空
盡
唯

見長江
天際流

九曲黄河萬里沙浪淘風簸自天涯如今直上銀河去同到牽牛織女家

劉禹錫浪淘沙　学良

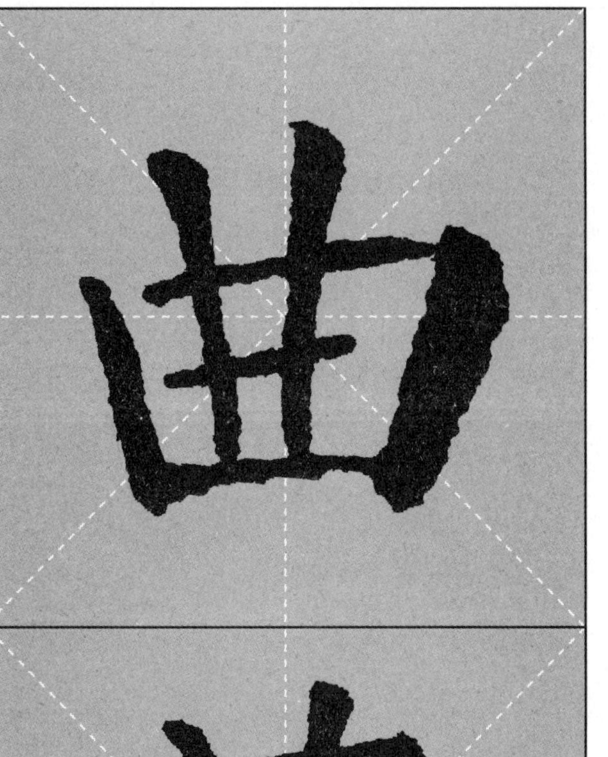

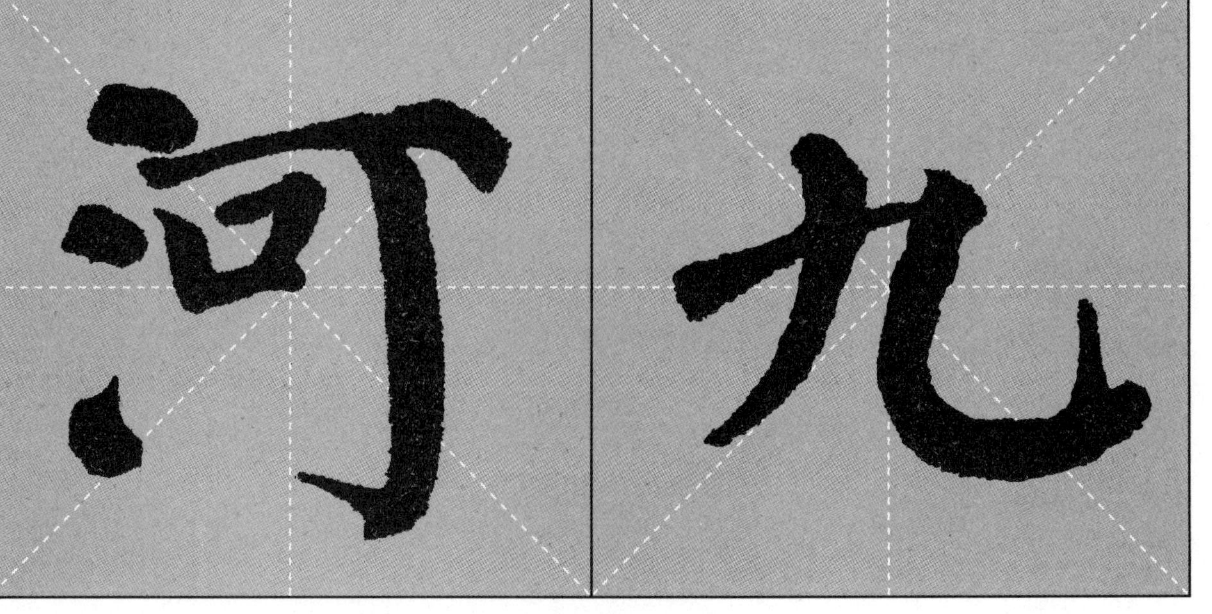

萬里沙
浪淘風

簸
自
天
涯
如
今

直上銀河去同

到牵牛
織女家

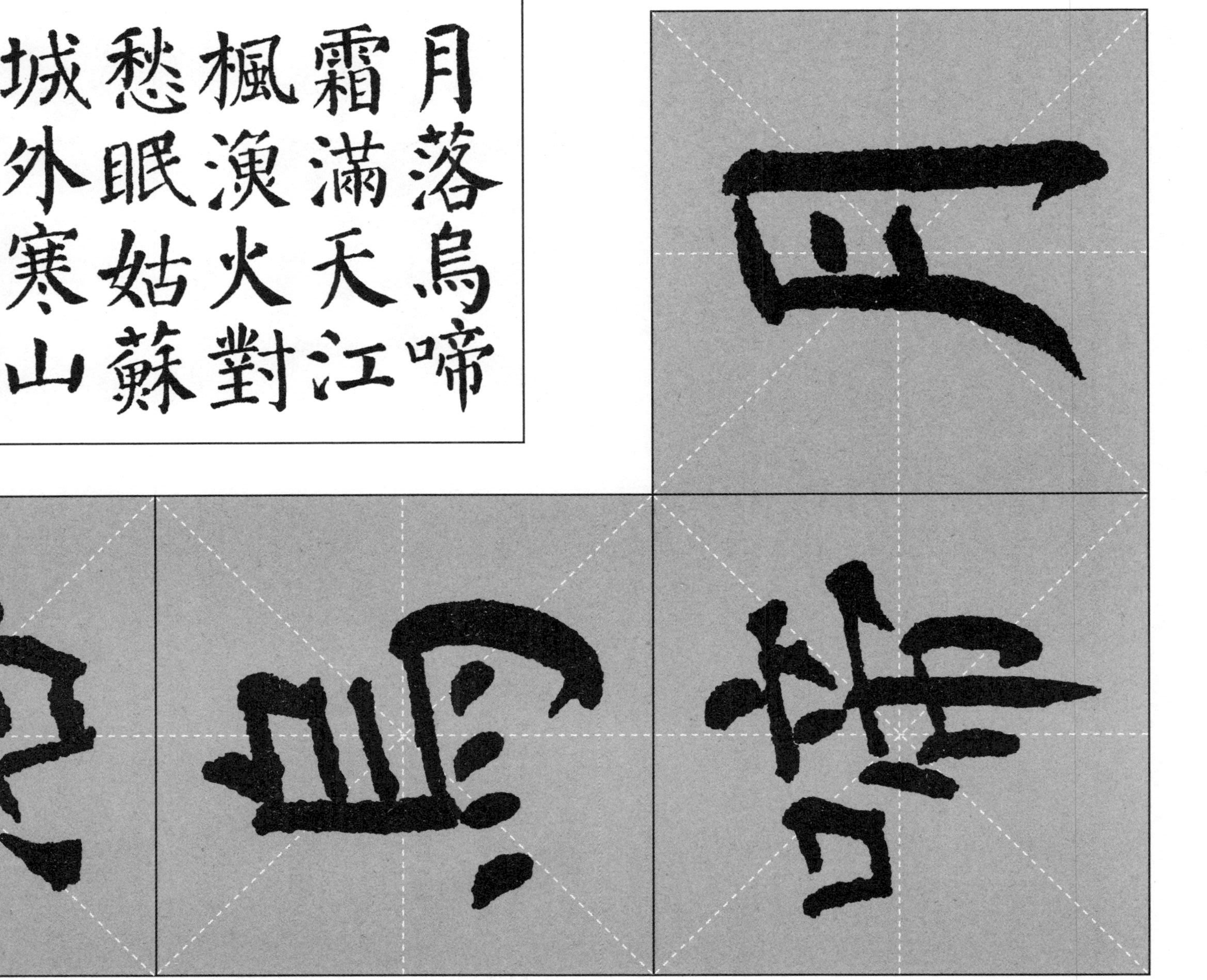

月落烏啼霜滿天
江楓漁火對愁眠
姑蘇城外寒山寺
夜半鐘聲到客船

張繼楓橋夜泊
遊寒山寺歸來書[illegible] 學良

霜滿天
江楓漁

火對愁
眠姑蘇

城外寒山寺夜

半
鐘
聲
到
客
船

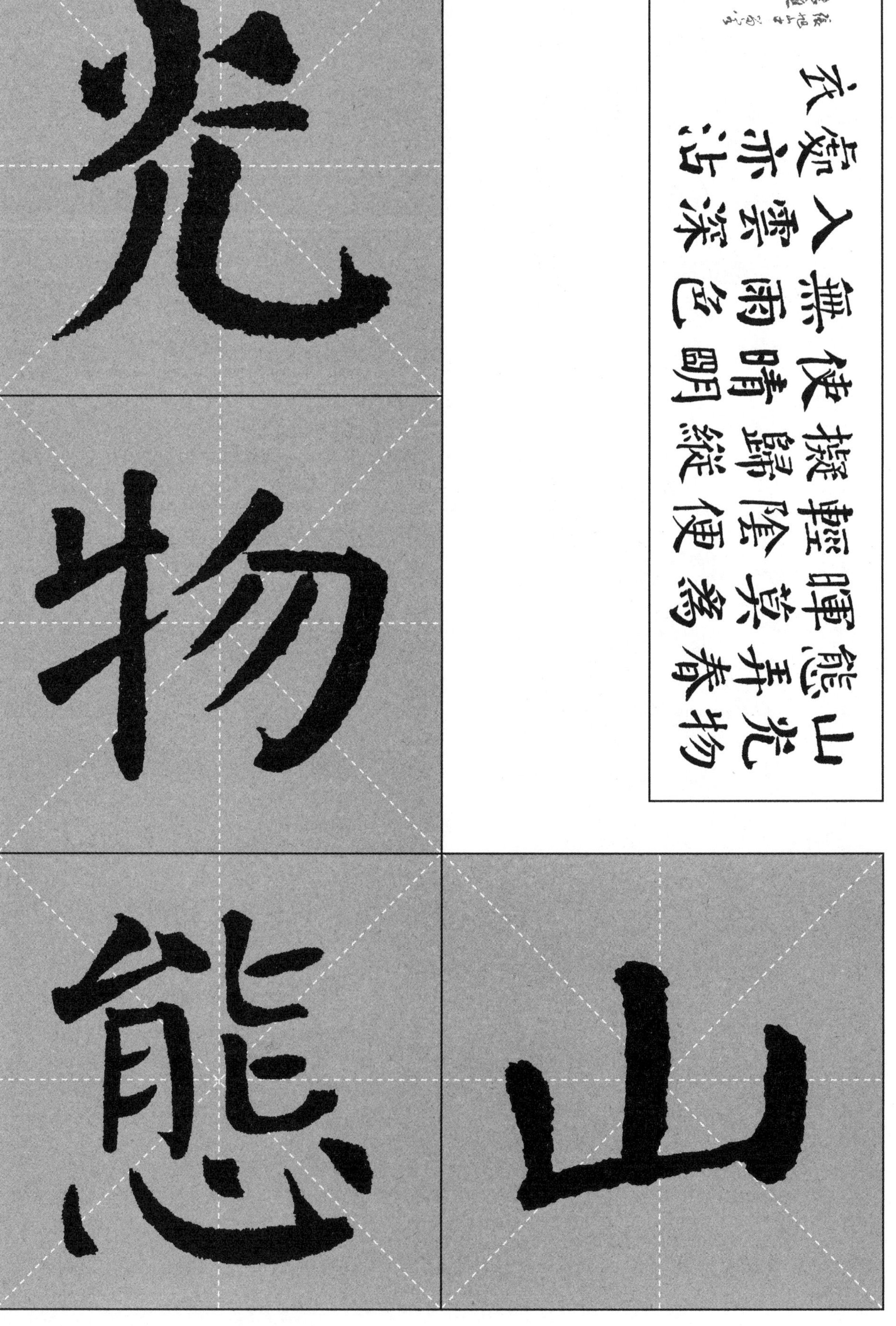
山
光
物
態
山光物態弄春暉莫為輕陰便擬歸縱使晴明無雨色入雲深處亦沾衣

弄春暉莫爲輕

陰
歸
便
縱
擬
使

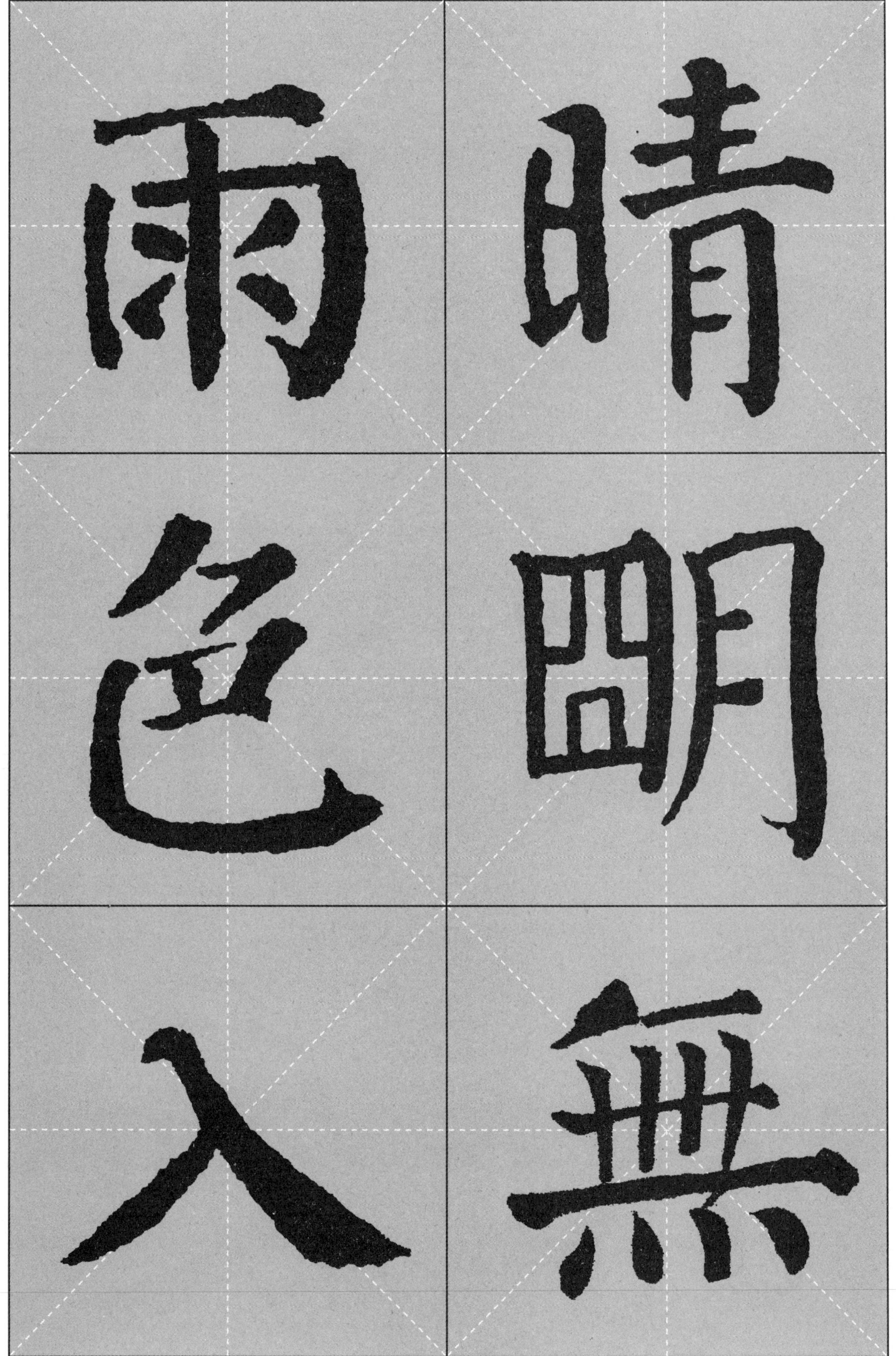
晴
朙
無
雨
色
入

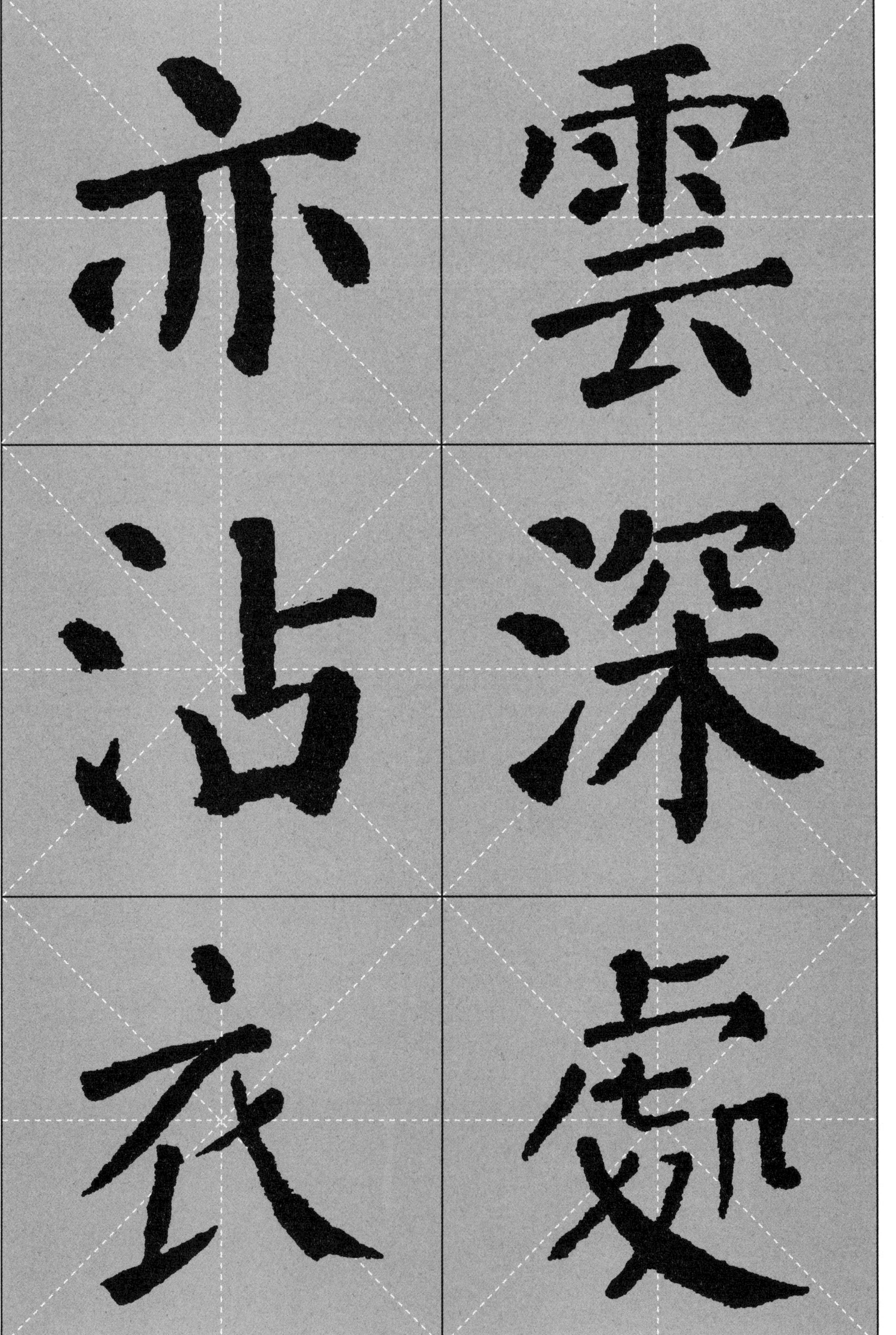
雲深處亦沾衣

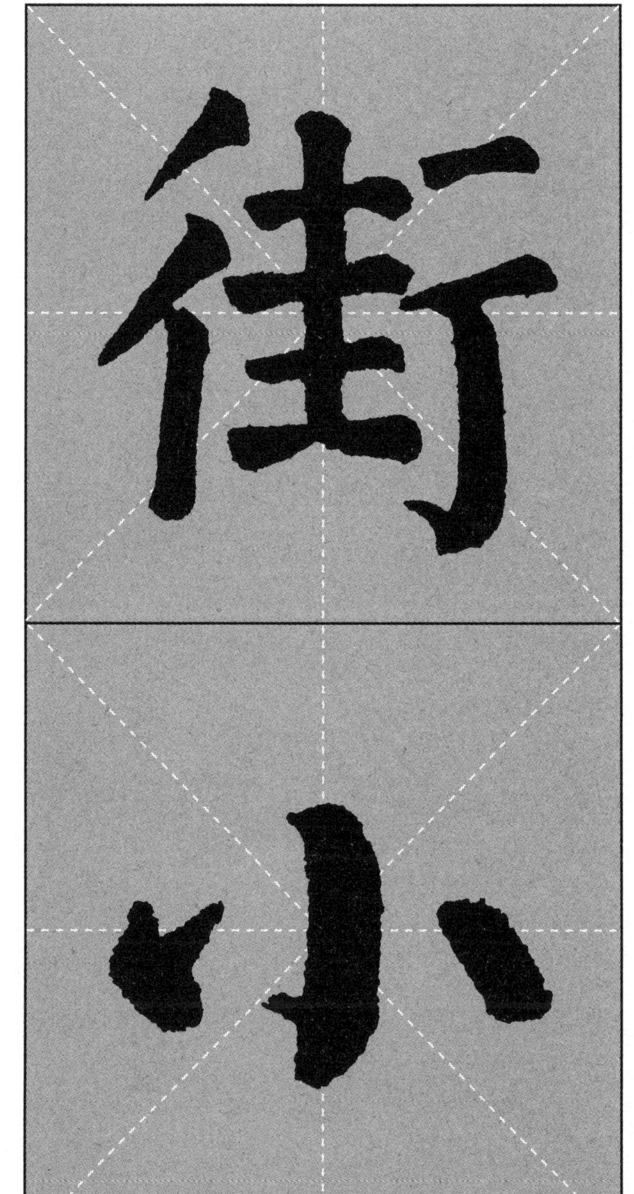

街
小

天街小雨潤如酥草
色遙看近卻無㝡是
一秊春好處絕勝煙
柳滿皇都
韓愈詩一首 学良

雨
天

潤
如
酥
草
色
遥

看近卻
無冣是

一
年
春
好
處
絕

勝煙柳
滿皇都

眼
無
聲
泉
泉眼無聲惜細流樹陰照水愛
晴柔小荷才露尖尖角早有蜻
蜓立上頭
楊萬里小池 歲在壬寅夏月 學良

惜
細
流
樹
陰
照

水柔
愛小
晴荷

才露尖

尖角早

有蜻蜓立上頭

雪晴雲散北風寒楚水吳山道路難今日送君須盡醉明朝相憶路漫漫

學良集字

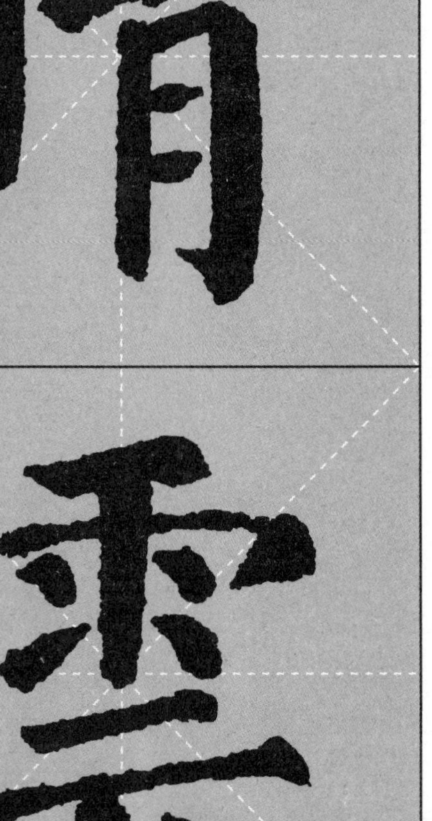

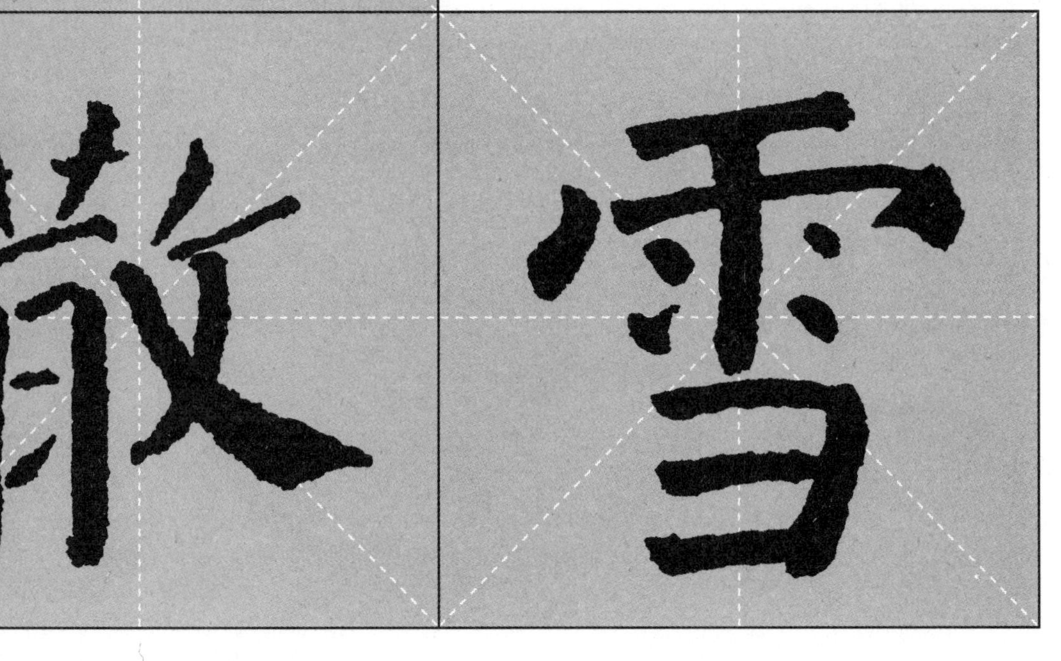

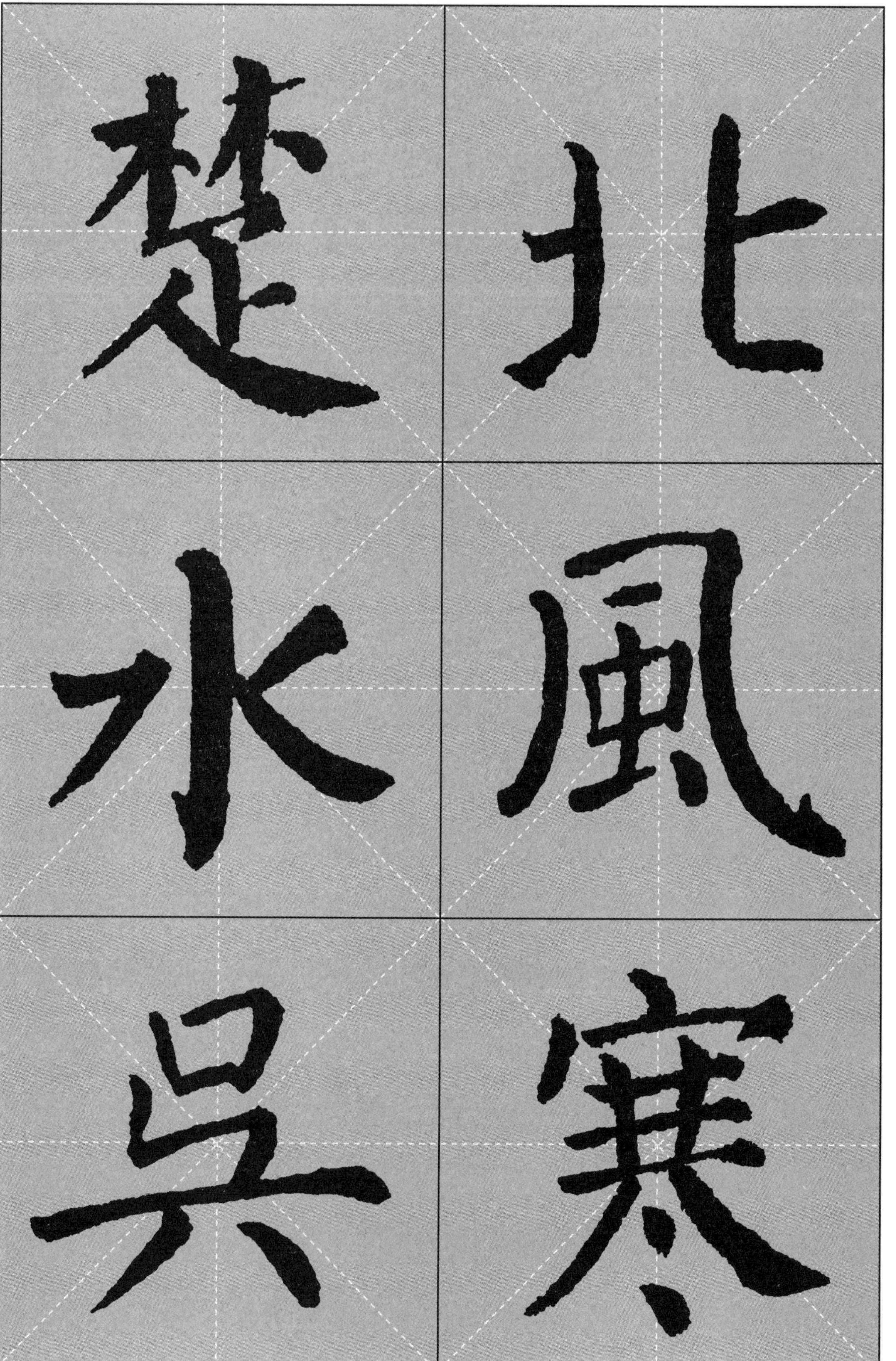
北
寒
風
水
楚
吳

山道路難今日

送君須
盡醉明

朝
相
憶
路
漫
漫

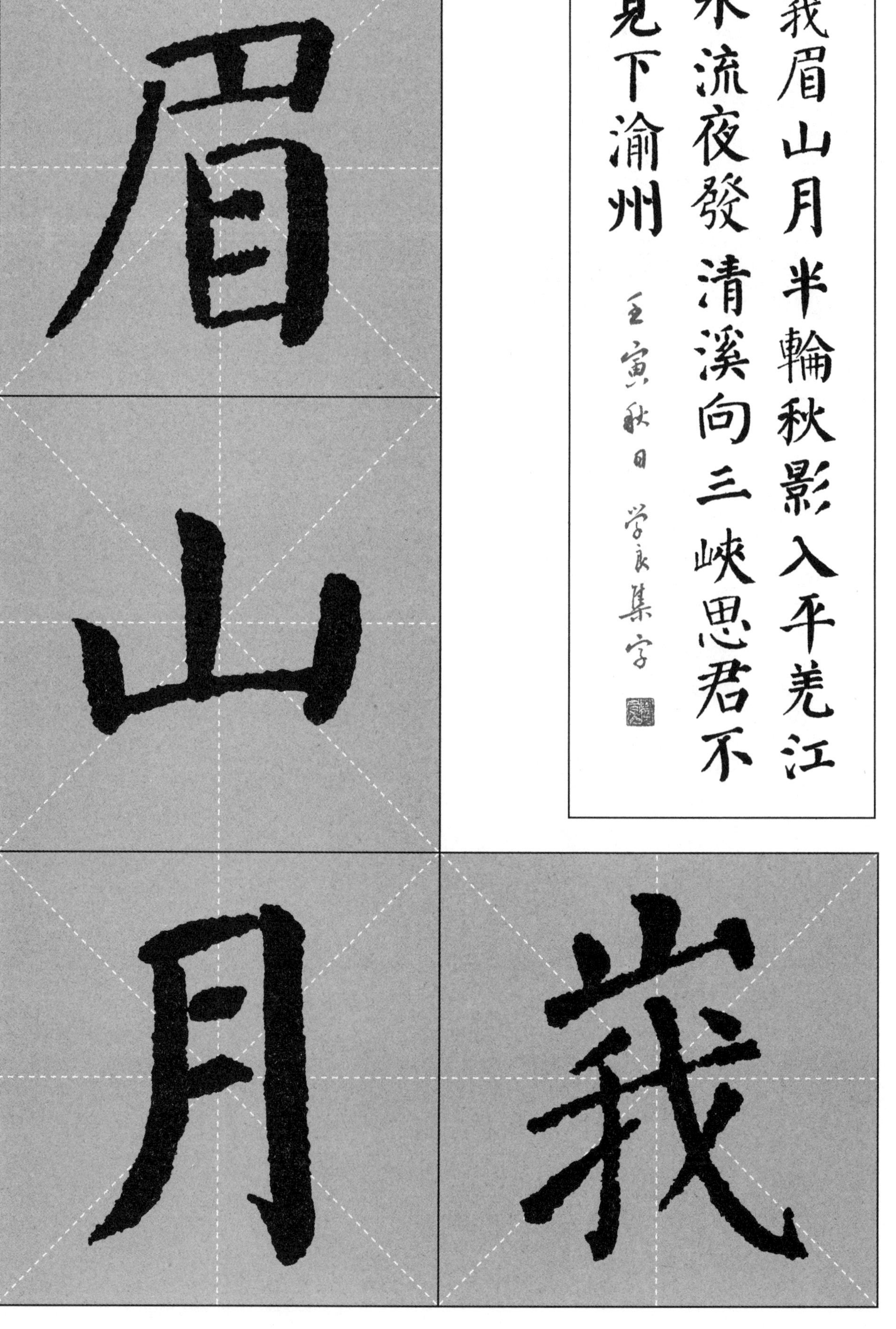

峩眉山月半輪秋影入平羌江水流夜發清溪向三峽思君不見下渝州

壬寅秋日　学良集字

半輪秋
影入平

光
流
江
夜
水
發

清溪向
三峡思

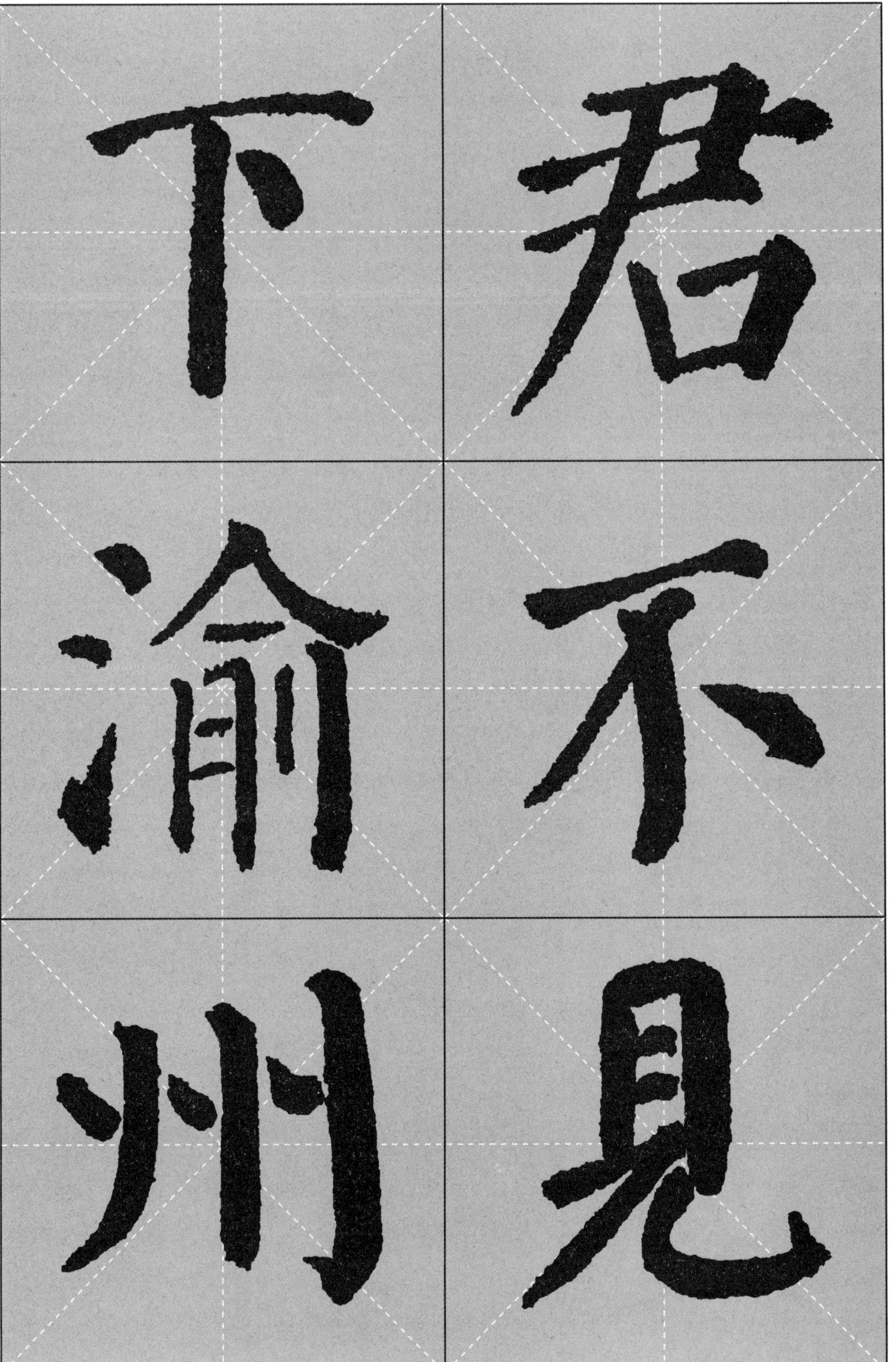
君不見
下渝州

一為遷客去長沙
西望長安不見家
黃鶴樓中吹玉笛
江城五月落梅花

壬寅春月 学良集字

去長沙
西望長

安不見
家黃鶴

樓中吹
玉笛江

城五月
落梅花

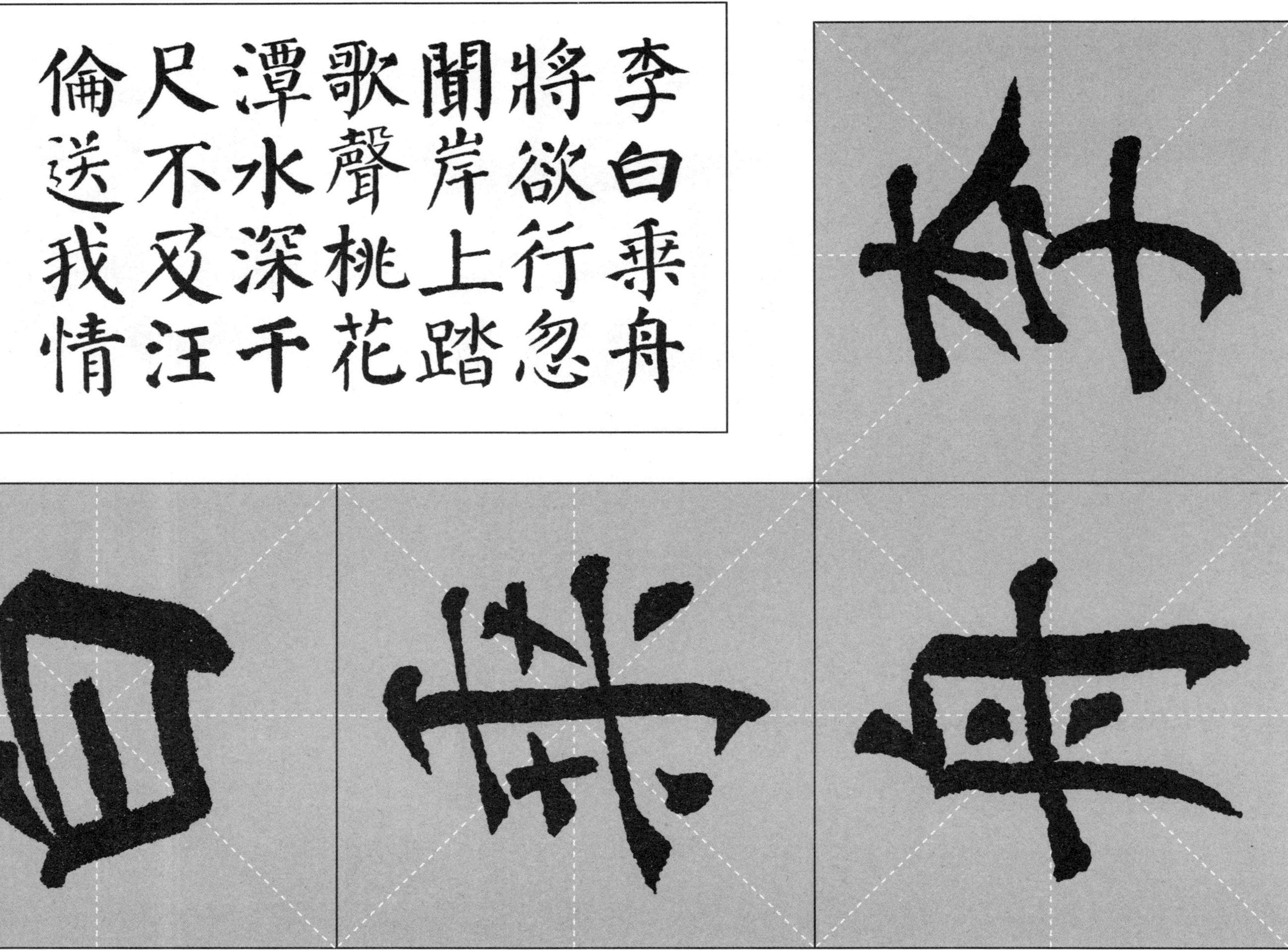
李白乘舟
将欲行忽
聞岸上踏
歌聲桃花
潭水深千
尺不及汪
倫送我情
歲在壬寅桃月
学良集字

將欲行
忽聞岸

上踏歌
聲桃花

潭
水
深
千
尺
不

及汪倫
送我情

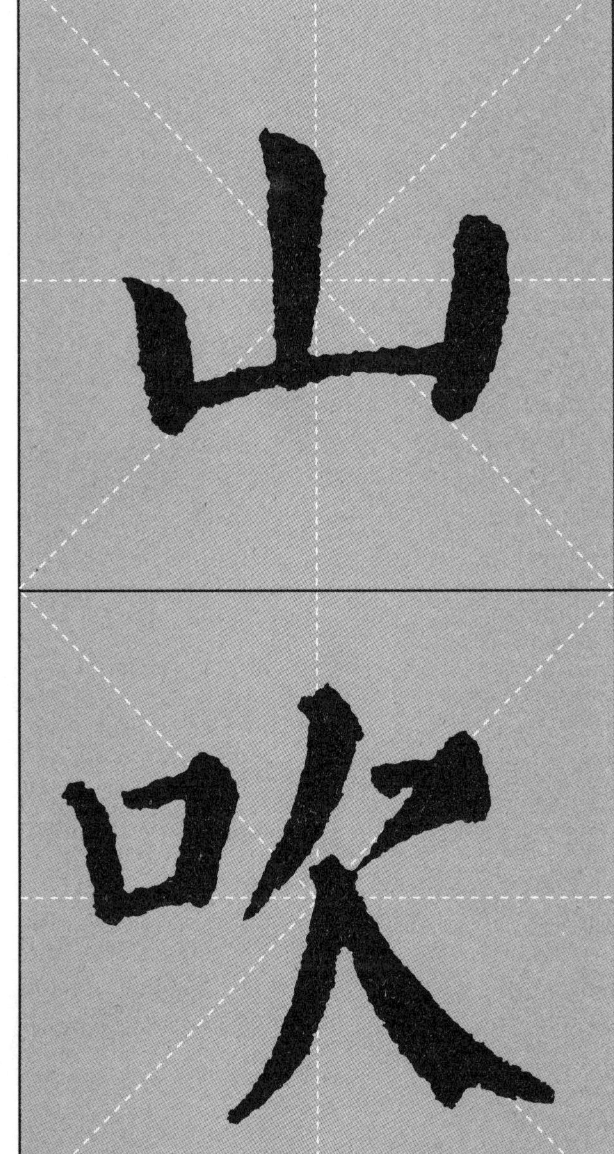

寒山吹笛喚春歸
遷客相看淚滿衣
洞庭一夜無窮雁
不待天明盡北飛

学良集字

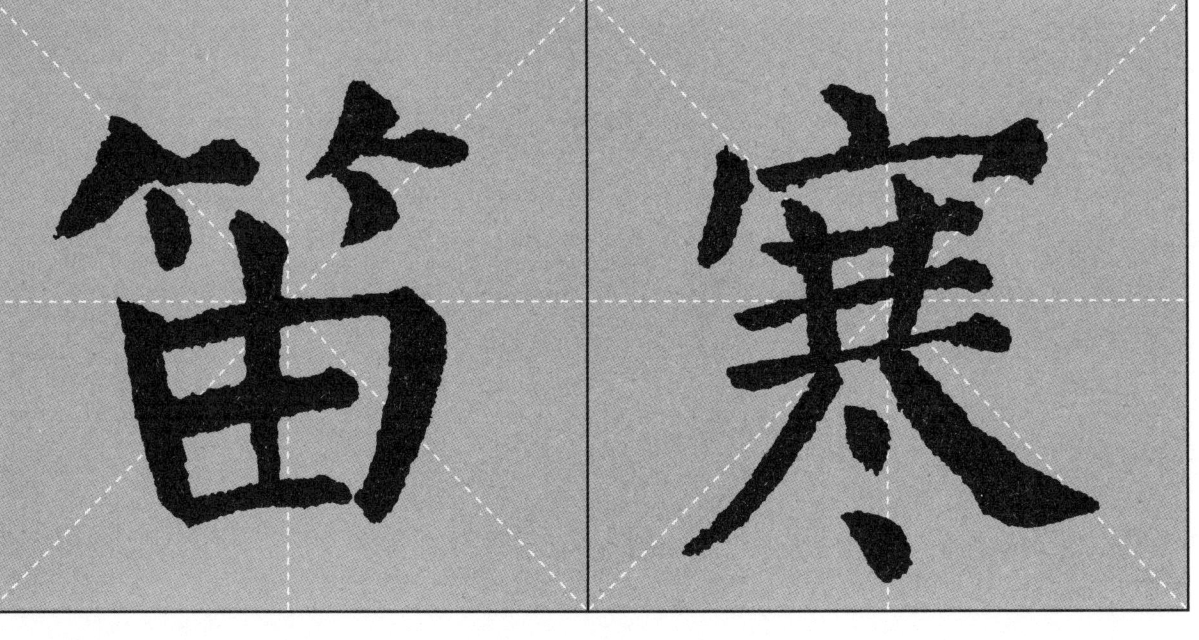

喚
春
歸
遷
容
相

看淚滿
衣洞庭

一夜無
窮雁不

待天明
盡北飛

渡遠荆門
渡遠荆門外
來從楚國遊
山隨平野盡
江入大荒流
月下飛天鏡
雲生結海樓
仍憐故鄉水
萬里送行舟
壬寅春月 学良集字

山隨平
野盡江

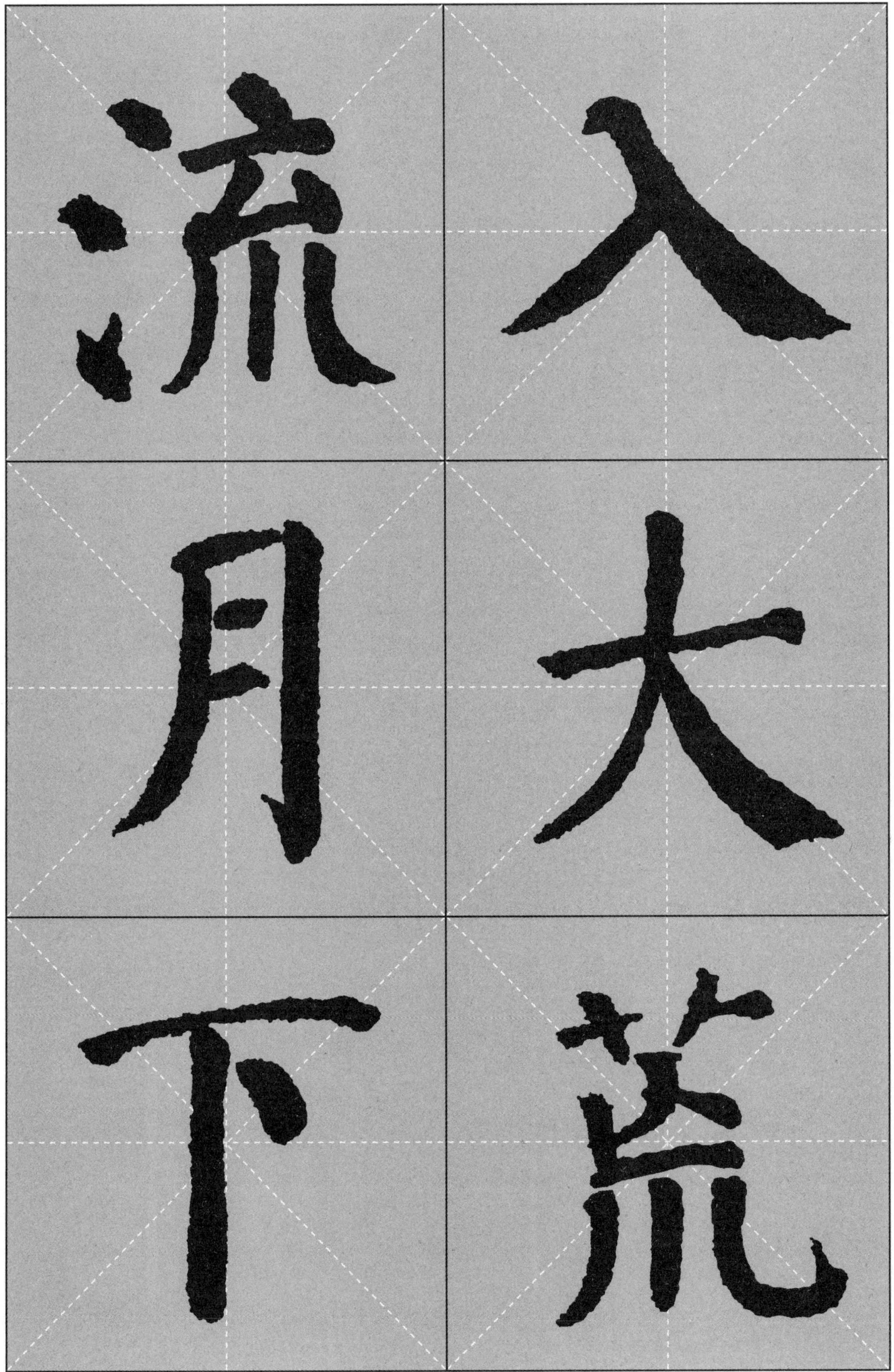
入
大
荒
流
月
下

飛天鏡
雲生結

海
樓
何
憐
故
鄉

水萬里
送行舟

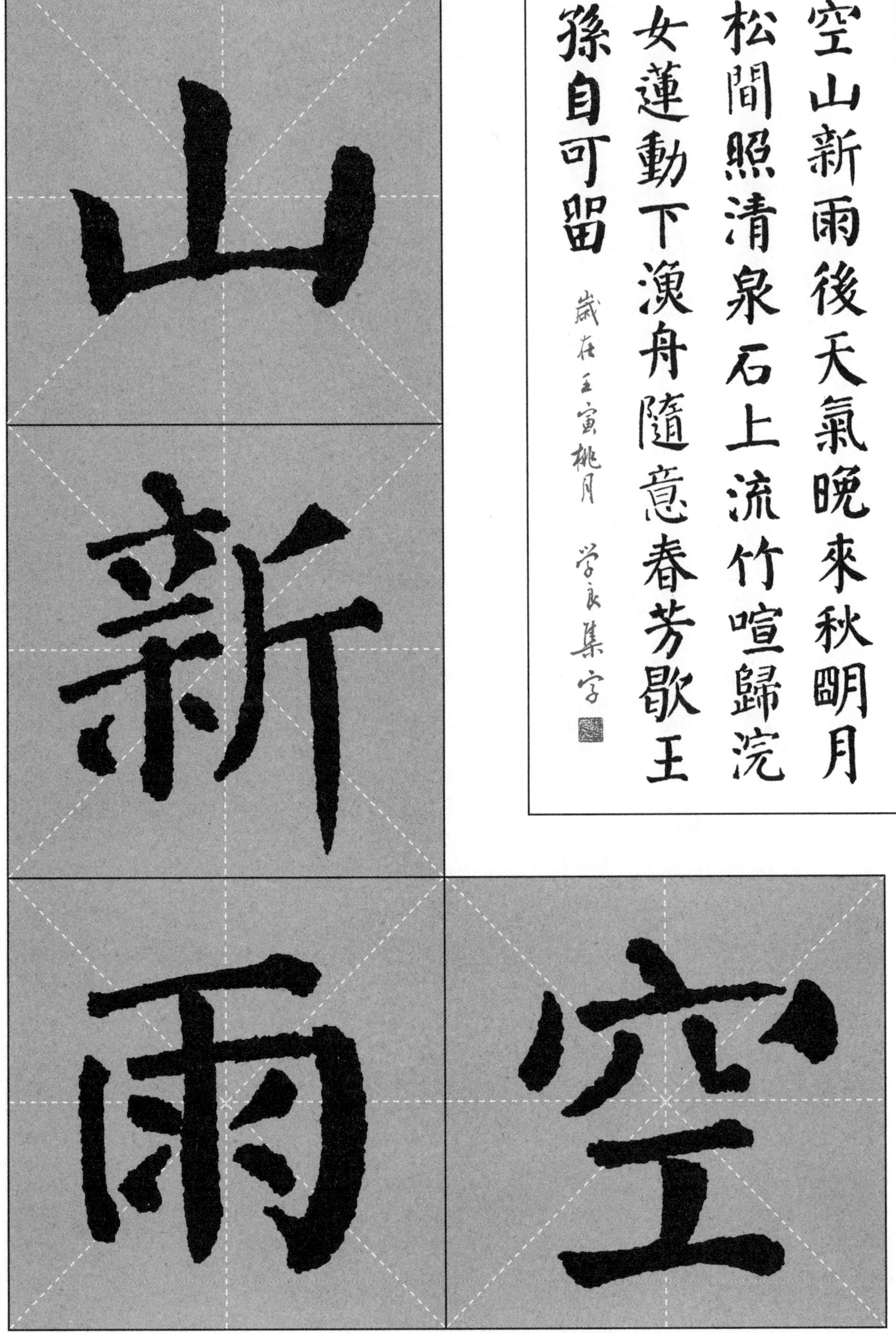
空
山
新
雨
空山新雨後天氣晚來秋明月
松間照清泉石上流竹喧歸浣
女蓮動下漁舟隨意春芳歇王
孫自可留
歲在壬寅桃月 学良集字

後天氣
晚來秋

明月松
間照清

泉石上
流竹喧

歸浣女
蓮動下

演舟隨
意春芳

歇王孫
自可留

南
好
風
江
江南好
風景舊曾諳
日出江花紅勝火
春來江水綠如藍
能不憶江南

景
舊
曾
譜
日
出

江花紅勝火春

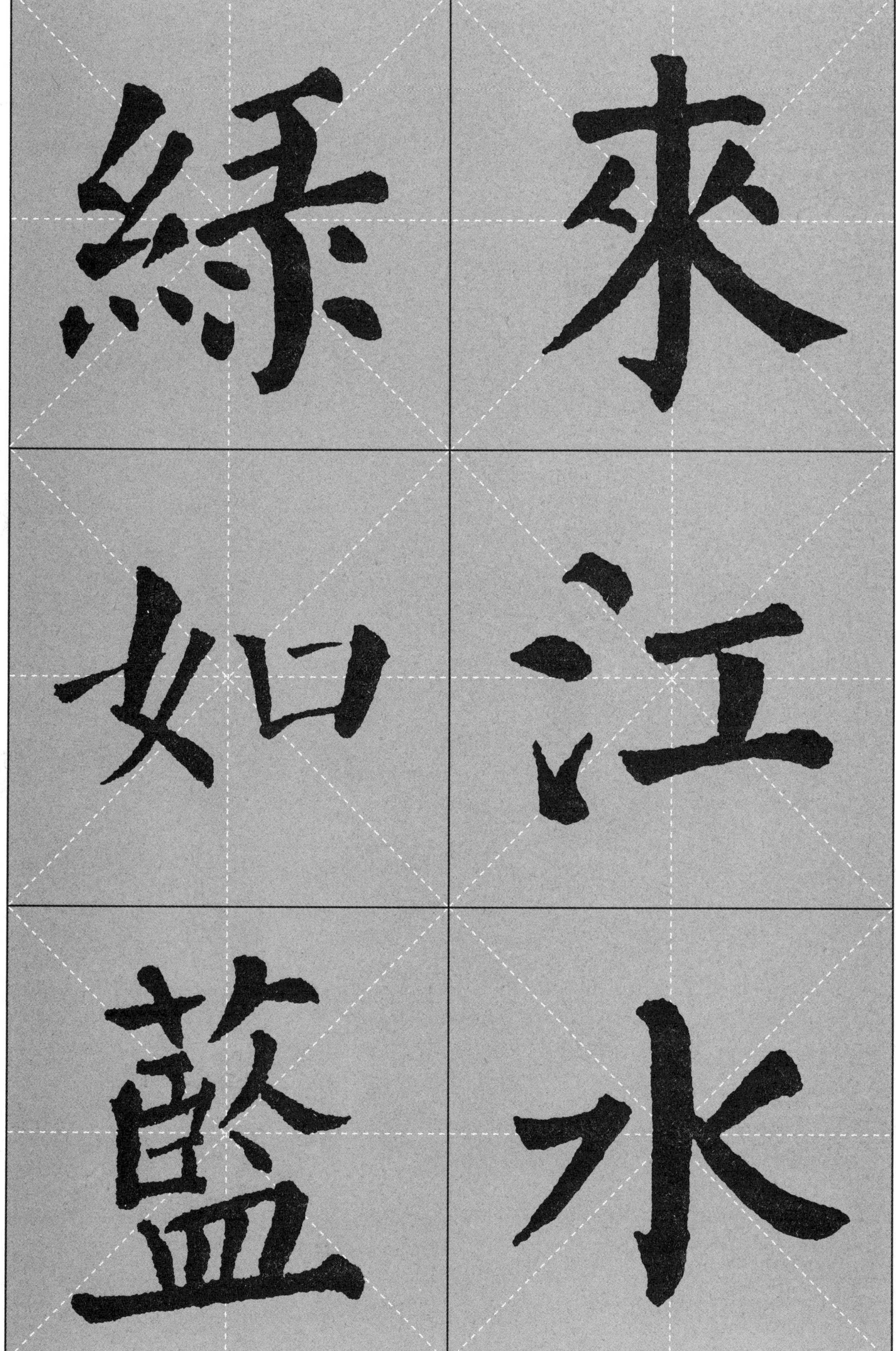
來江水
綠如藍

能不憶
江南

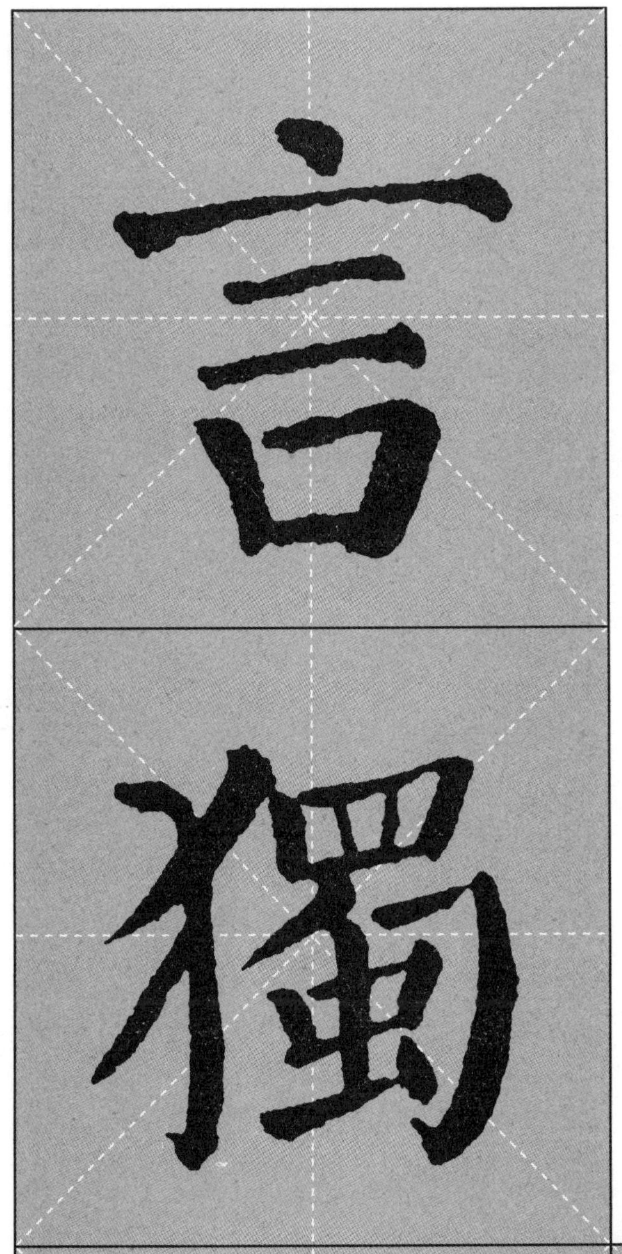

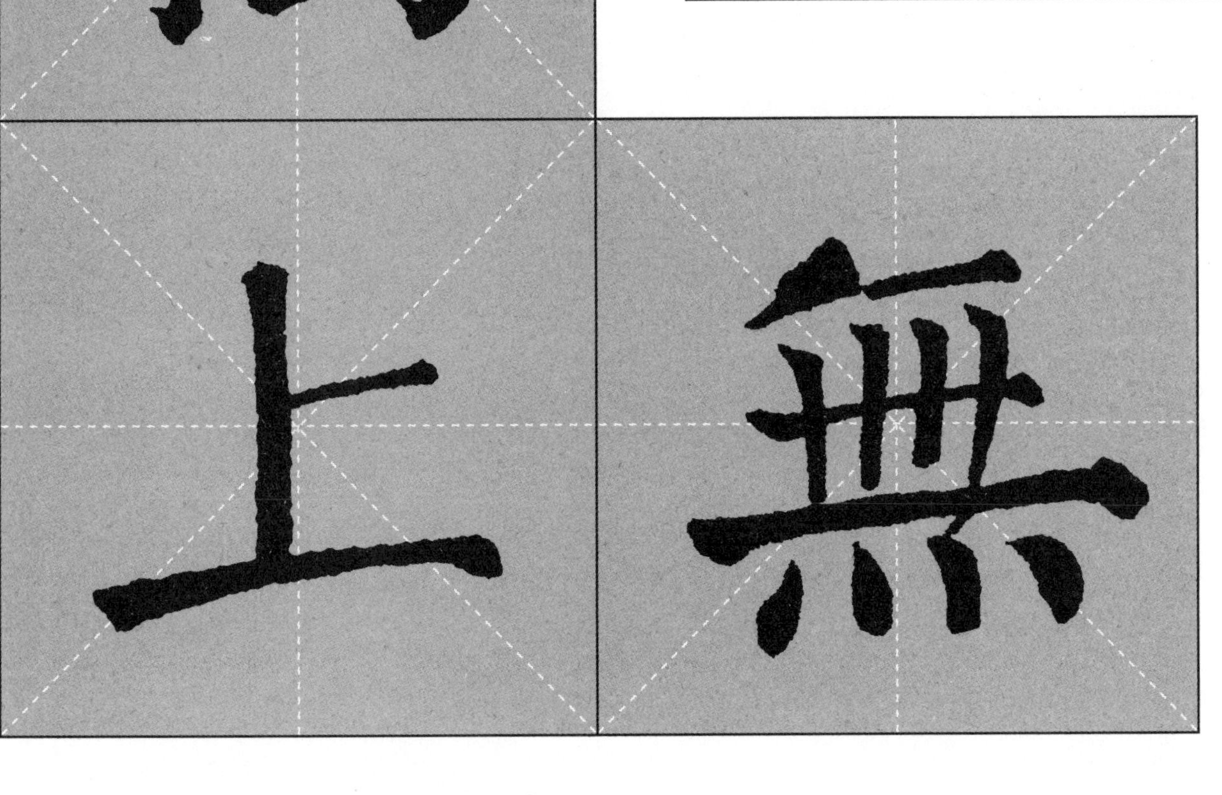

無言獨上西樓月如鉤寂
寞梧桐深院鎖清秋剪不
斷理還亂是離愁別是一
般滋味在心頭

壬寅秋日
学良集字

西樓月
如鉤寂

寞梧桐

深院鎖

清秋剪
不斷理

還亂是
離愁別

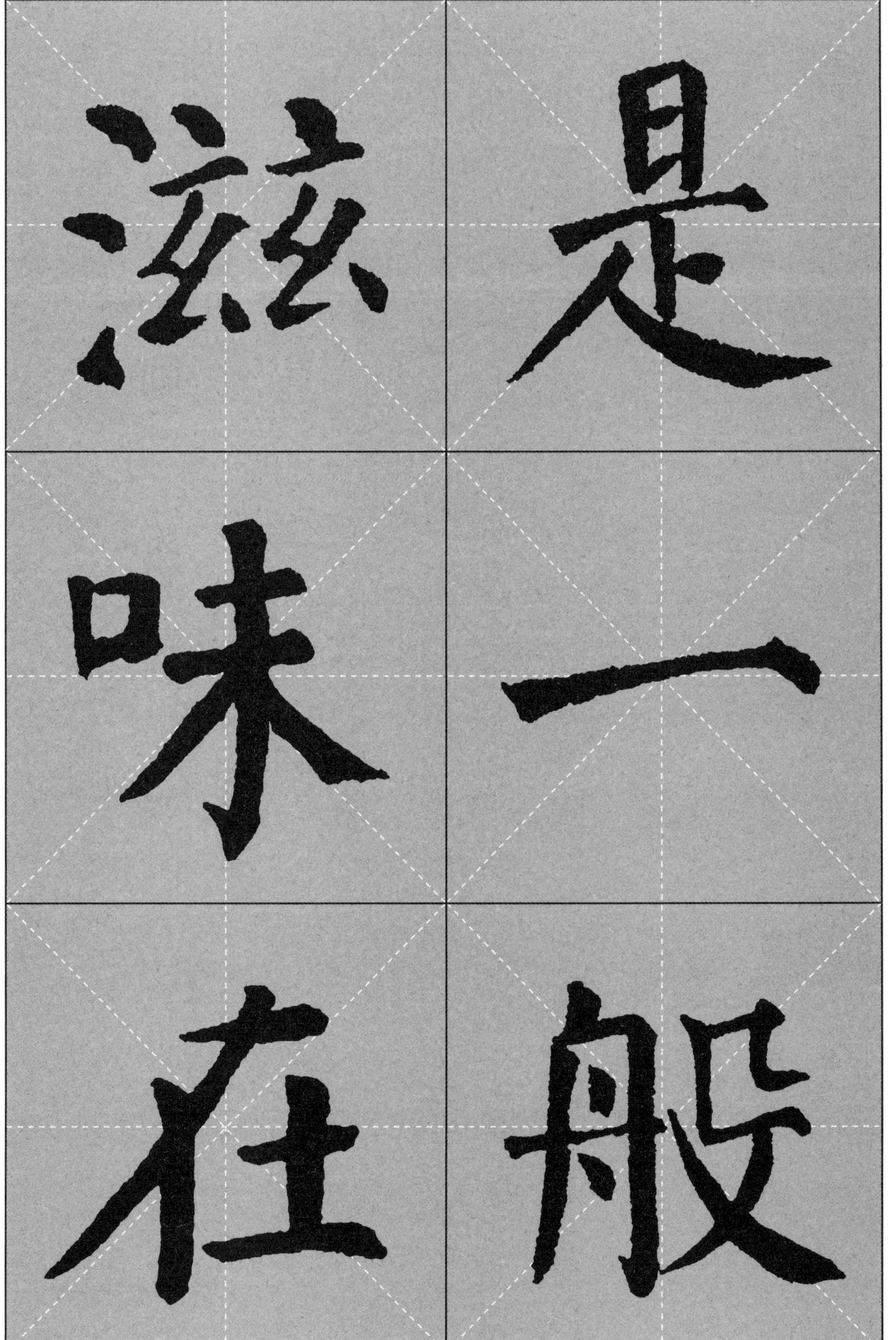
是一般
滋味在

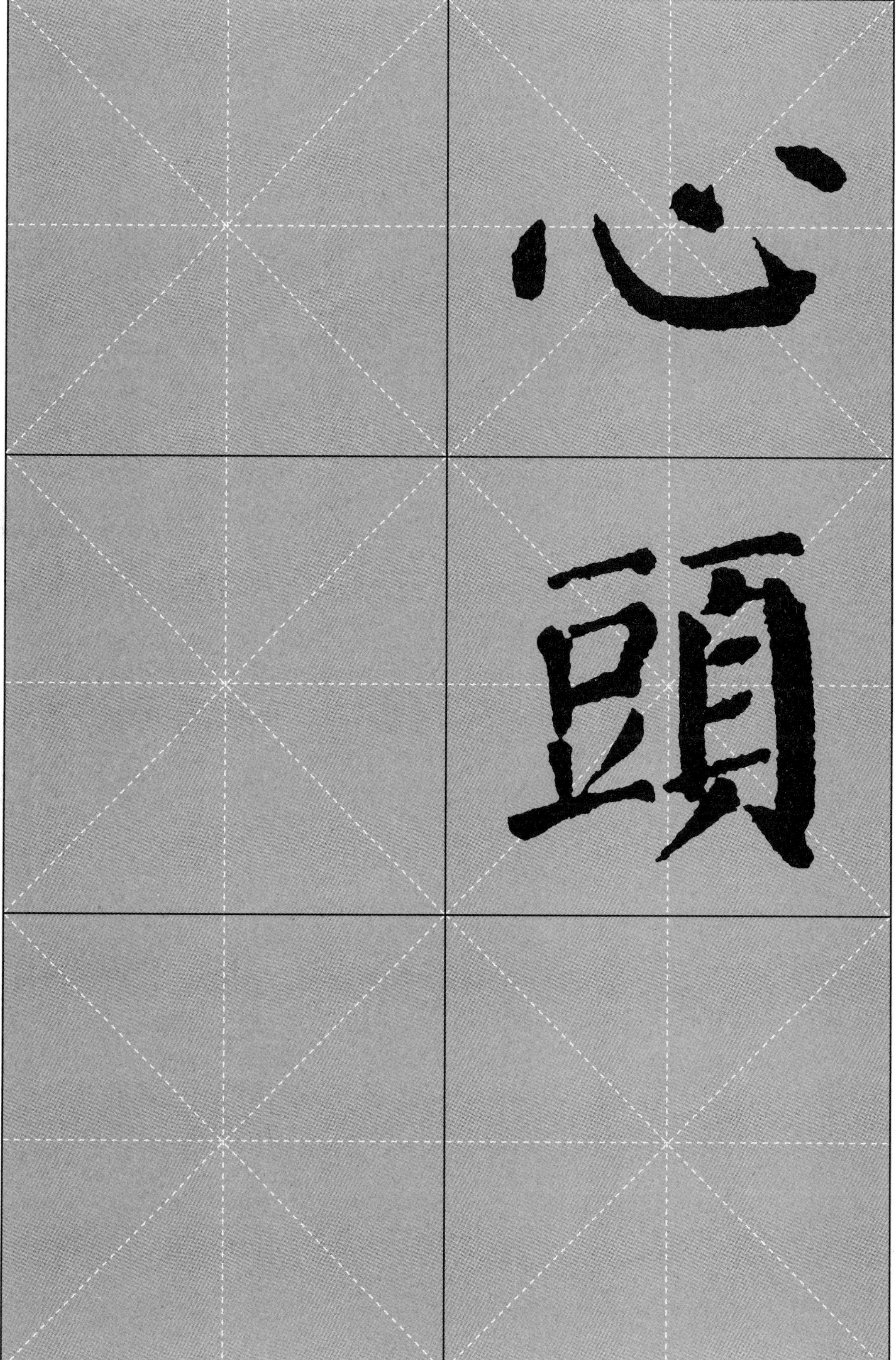
心
頭

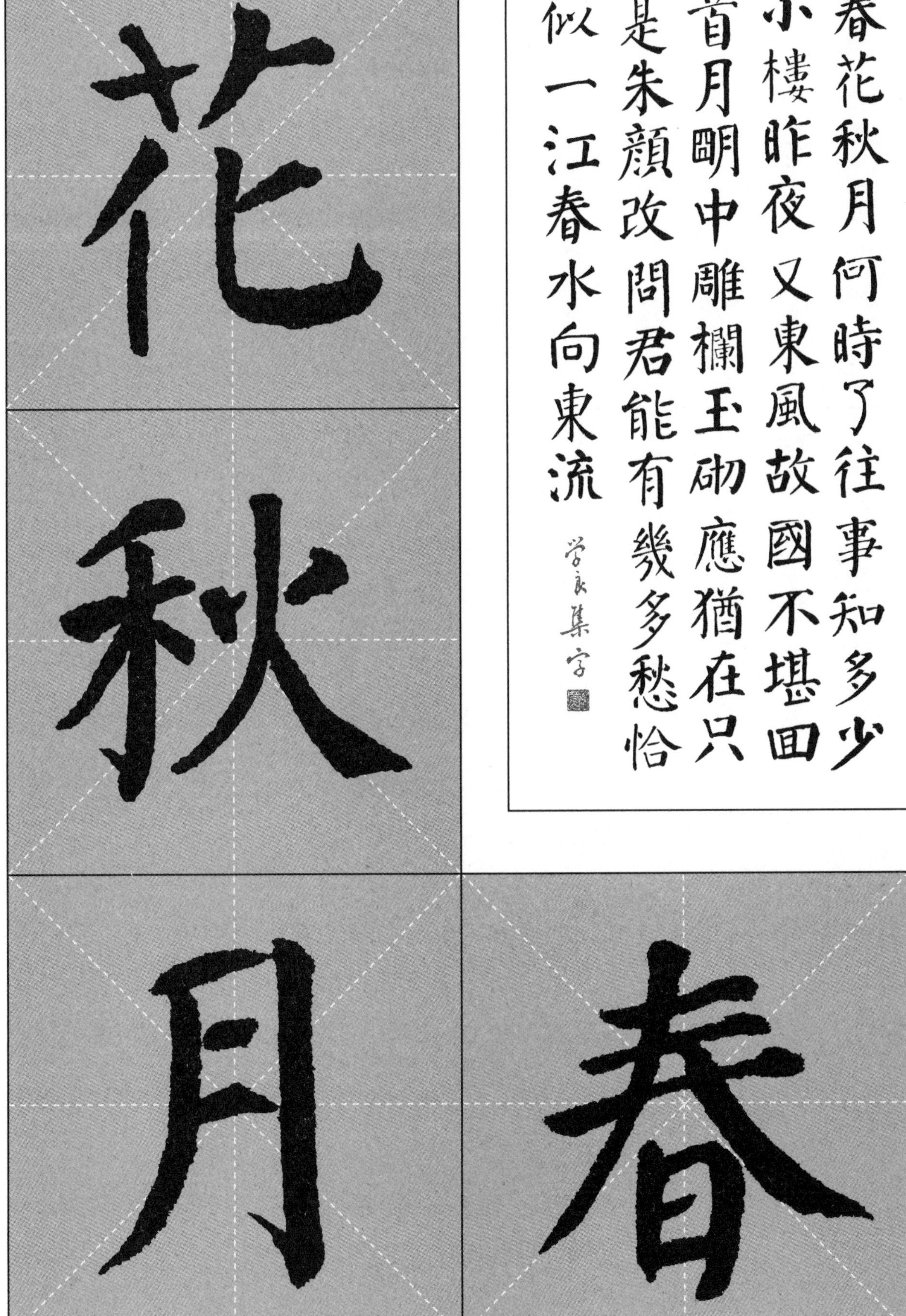
春
花
秋
月
春花秋月何時了往事知多少
小樓昨夜又東風故國不堪回
首月朙中雕欄玉砌應猶在只
是朱顏改問君能有幾多愁恰
似一江春水向東流
學良集字

何時了
往事知

多
少
小
樓
昨
夜

又東風
故國不

堪回首
月明中

雕欄玉
砌應猶

在只是
朱顏改

問
君
能
有
幾
多

愁恰似
一江春

水向東
流

明月幾時有把酒問青天
不知天上宮闕今夕是何
年我欲乘風歸去又恐瓊
樓玉宇高處不勝寒起舞
弄清影何似在人間轉朱
閣低綺戶照無眠不應有
恨何事長向別時圓人有
悲歡離合月有陰晴圓缺
此事古難全但願人長久
千里共嬋娟

壬寅秋日 学良集字

明月幾
時有把

酒問青
天不知

天上宫
闕今夕

是何乎
我欲乘

風歸去
又恐瓊

樓玉宇
高處不

勝寒起舞弄清

影何似
在人間

轉朱閣
低綺戶

照
無
眠
不
應
有

恨何事
長向别

時圓人
有悲歡

離合月
有陰晴

圓
缺
此
事
古
難

全
但
願
人
長
久

千里共
婵娟